Kommentar
zur Bayerischen Verordnung,
die
Gebühren der Rechtsanwälte
in den
Angelegenheiten der Rechtspflege betr.
(Rechtspflegeverordnung)

von

Dr. Max Friedlaender
Rechtsanwalt in München.

1930
H. W. Müller, München und Berlin.

Druck von Dr. F. P. Datterer & Cie., Freising-München

Vorwort.

Die bayerischen Landesgebührenordnungen haben bisher eine ausführliche, systematische Erläuterung noch nicht gefunden. Der vorliegende Kommentar versucht, diese Lücke auszufüllen. Ich habe mich dabei auf die Bearbeitung der sogenannten Rechtspflegeverordnung mit ihren Novellen beschränkt und von der praktisch weniger wichtigen und leichter zu handhabenden Verwaltungsgebührenordnung lediglich den Text zum Abdruck gebracht. Von den Grenzen zwischen den Anwendungsgebieten der beiden Verordnungen ist dagegen mehrfach ausführlich die Rede.

Tabellen waren um so eher entbehrlich, als die Staffel der Reichsgebührenordnung in Bayern unverändert gilt.

München, im Sommer 1930.

Der Verfasser.

Inhaltsverzeichnis.

I. Allgemeine Einleitung.

Übersicht:

I. Geschichtliches. 1

1. Unterm 26. März 1902 erschienen im GVBl. zwei „Allerhöchste Verordnungen", die heute noch — mit wenigen, wenn auch wichtigen Änderungen — die Grundlage des bayerischen Landesgebührenrechts für Rechtsanwälte bilden:

die Verordnung, die Gebühren der Rechtsanwälte in den Angelegenheiten der Rechtspflege betreffend (RpflVO., GVBl. 133) und

die Verordnung, die Gebühren der Rechtsanwälte in den Angelegenheiten der Verwaltung und der Verwaltungsrechtspflege betreffend (VerwGebO., GVBl. 144).

Die Berechtigung der Regierung, diese Materien — statt durch Gesetz — durch VO. 2
zu regeln, wurde und wird aus Art. 5 des Gesetzes über das Gebührenwesen (jetzt: BayKostGes.) hergeleitet[1]).

Beiden Verordnungen ist eine sorgfältige Begründung beigegeben, die im JMBl. 1902, 3
441 erschienen ist. Sie enthält auch einen historischen Rückblick auf die Zeit vor 1902, der heute kaum mehr eine praktische Bedeutung hat. Im übrigen aber enthält die Begründung reiches Auslegungsmaterial für die Verordnungen selbst[2]), das um so wertvoller erscheint,

---

[1]) Das Recht der Länder, überhaupt die Gebühren der Rechtsanwälte, soweit sie nicht reichsrechtlich geregelt sind (vgl. insbes. §§ 1, 91 RAGebO.), zu ordnen, ergibt sich m. E. aus §§ 612 Abs. 2, 632 Abs. 2 BGB. Danach dürfen die Vergütungen aus Dienst- und Werkvertrag durch Taxen und diese können auch landesrechtlich geregelt werden. Wären die Gebührenordnungen keine Taxen, so wären sie ungültig, denn das Entgelt, das die Rechtsanwälte erhalten, ist die Gegenleistung für ihre vertragliche Arbeit und, wenn auch der Anwalt starken öffentlichrechtlichen Bindungen unterworfen ist, so ist doch der Anwaltsvertrag unbestreitbar ein rein zivilrechtlicher Vertrag, kein Rechtsverhältnis des öffentlichen Rechts. Wenn und soweit also die Landes-Gebührenordnungen etwas anderes als „Taxen" enthalten, sind sie nach § 55 EGBGB. ungültig und soweit sie gültig sind (nämlich insoweit, als sie wirklich die Höhe des Entgelts regeln), kann diese Gültigkeit nicht daraus hergeleitet werden, daß die Materie des öffentlichen Rechts den Ländern im allgemeinen freigegeben sei Abweichend: KG. OLG. 15, 180; RGZ. 75, 98; RG. Höchstr.-Rspr. 1930 Nr. 1211. Näheres bei Friedlaender RAO.³ Exkurs vor § 30 Anm. 11. Mit Recht weisen übrigens Fürst-Abenheimer, BadLGebO. (J. Bensheimer 1925) S. 4 auch darauf hin, daß die RAGebO. unzweifelhaft von der Zulässigkeit landesgesetzlicher Regelung der RAGebühren (in ihren §§ 31 Abs. 2 und 92) ausgeht.

[2]) Der Begründung ist im JMBl. eine Bekanntmachung des Justizministers Frhr. v. Leonrod vom 27. März 1902 beigegeben, die folgenden Wortlaut hat:

Auf Grund Allerhöchster Ermächtigung wird in der Anlage die Begründung, die dem Entwurfe zu der Allerh. VO. vom 26. März d. J. .... beigefügt war, mit

als die spätere Literatur und Rechtsprechung auf diesem Gebiete nicht sehr aufschlußreich ist. Für die Rechtspflegeverordnung, mit der sich der gegenwärtige Kommentar allein befaßt, kann jedoch teilweise — wenn auch mit Vorsicht — das Schrifttum und die Rechtsprechung zur preuß. LGebO. herangezogen werden, die in einzelnen Teilen für die meisten LGebO.en, so auch für die bayer. RpflVO., vorbildlich gewesen ist.

4 2. Mittelbare Änderungen der RpflVO. ergaben sich im Laufe der Zeit daraus, daß einzelne Bestimmungen der RAGebO. und des GKG., auf die in der VO. verwiesen war, reichsrechtlich geändert wurden (vgl. Art. 15, 27 RpflVO.).

5 Die erste unmittelbare Änderung der VO. erfolgte aber erst im letzten Kriegsjahre durch die VO. vom 27. April 1918 (GVBl. 275), Kriegszuschläge betr. und die erste wichtige Änderung erfolgte nach dem Kriege, nämlich durch die VO. vom 28. März 1919 (GVBl. 128), die am 1. Mai 1919 in Kraft trat. Durch diese VO. wurde die Gebührenstaffel des § 9 RAGebO. für das bayerische Landesrecht eingeführt (Art. 5), während bis dahin — wie in Preußen — eine Staffel mit wesentlich niedrigeren Sätzen galt.

6 Dann folgte, durch die Geldentwertung veranlaßt, die VO. vom 10. Oktober 1919 (GVBl. 692), die außer anderen, hier nicht mehr interessierenden Vorschriften, auch zwei Bestimmungen von grundsätzlicher Bedeutung enthält: die ausdrückliche Aufhebung des — bisher schon hinsichtlich seiner Gültigkeit bestrittenen — Formzwangs (Schriftform im Sinne des § 93 Abs. 2 RAGebO. ä. F.) und die Ausdehnung der Generalklausel des Art. 11 VerwGebO. auf die RpflVO. (Art. 1 Abs. 3 und Art. 4 VO. vom 10. Oktober 1919).

Mit der ersteren Vorschrift eilte das bayerische Landesrecht dem Reichsrecht weit voran, das erst durch das Gesetz vom 18. August 1923 den Formzwang beseitigte.

7 Vom 15. Oktober 1921 ab trat an die Stelle der eben erwähnten VO. die neue VO. vom 12. Oktober 1921 (GVBl. 521), die sich dem RGes. vom 8. Juli 1921 (RGBl. 910) anpaßte und in Art. 1 Abs. 3 sowie in Art. 4 die beiden oben angedeuteten Neuerungen übernahm[2a]).

Weitere VO.en vom 11. Februar 1922 (GVBl. 159), 11. November 1922 (GVBl. 633), 31. Juli 1923 (GVBl. 248) und 17. August 1923 (GVBl. 313) trafen Änderungen, die sich aus den Bedürfnissen der Inflationszeit erklären und heute keine Bedeutung mehr haben.

8 Von besonderer Wichtigkeit für das heute geltende Recht ist dagegen die VO. über die Gebühren der Rechtsanwälte usw. vom 29. Dezember 1923 (GVBl. 415). Sie war in erster Linie dazu bestimmt, den Übergang zur Goldmarkrechnung herbeizuführen, entsprechend den Vorschriften der ReichsVO. vom 13. Dezember 1923 (RGBl. I 1188). Zu erwähnen ist in dieser Hinsicht für das geltende Recht noch, daß die festen Gebühren

---

der Bestimmung zur Kenntnis gebracht, daß die in der Begründung niedergelegten Grundsätze für den Vollzug der Allerh.VO. maßgebend sein sollen.

Der Wortlaut der Allerh.VO. stimmt mit dem Wortlaute des Entwurfes überein.

Man könnte daran denken, daß infolge dieser Formulierung (die mit den gleichen Worten der VerwGebO. vorausgeschickt ist) die Begründung hier ausnahmsweise nicht nur Auslegungsmaterial, sondern Bestandteil der Rechtsnorm sein will. Aber in Wirklichkeit ist die Rechtslage folgende: das Justizministerium knüpft offenbar an den in Art. 29 Rpfl.-VO. erteilten Auftrag zum Erlaß von Ausführungsbestimmungen an und will der Begründung die Eigenschaft solcher Ausführungsvorschriften verleihen. Die Kraft, irgendeine Bestimmung der RpflVO. zu ändern oder eine bestimmte Auslegung vorzuschreiben, hat sie nicht; die RpflVO. ist aus sich selbst und ihrem Zusammenhange mit anderen Gesetzen oder Rechtsverordnungen auszulegen.

[2a]) Daß die VO. vom 12. Oktober 1921 von Wichtigkeit und Schwierigkeit statt von Wichtigkeit oder Schwierigkeit sprach, war ein offenbares Versehen und ohne sachliche Bedeutung.

der RpflVO. (ebenso wie der VerwGebO.) — z. B. die Mindestinformationsgebühr in Art. 6 Abs. 1 Satz 1, die Mindestgebühr in Art. 8 Abs. 1 Satz 1 oder in Art. 19 Abs. 1 Satz 1 — Goldmarkgebühren sind, d. h. jetzt: 2 bzw. 10 Reichsmark (§ 1 der bay. VO. vom 25. 11. 1925 über die Durchf. des Reichs-Münzgesetzes, GVBl. 265)[3]), und daß die Wertziffern in Art. 15 Abs. 3 als Reichsmarkziffern anzusehen sind. Das erscheint uns heute selbstverständlich, war es aber bei Inkrafttreten der VO. vom 29. Dezember 1923 keineswegs. Die Übergangs- und Umrechnungs-Bestimmungen der Art. 3 und 6 der VO. haben jetzt kaum noch eine praktische Bedeutung[4]).

Dagegen ist von größter Wichtigkeit die in Art. 4 der VO. vom 29. Dezember 1923 enthaltenen **Angemessenheitsklausel**, durch welche die frühere Generalklausel (Art. 1 Abs. 3 VO. vom 12. Oktober 1921; Art. 4 VO. vom 17. August 1923) abgelöst wurde[4a]). Sie ist unten näher zu erläutern. Über ihre Geschichte vgl. Walter-Joachim-Friedlaender[8] Einleitung § 1 Anm. 10, und M. Friedlaender JW. 1924, 398.

Die sämtlichen nach dem Kriege erlassenen Bestimmungen, durch welche die baye- 9
rischen LGebO.en geändert wurden, sind im engsten Einvernehmen mit der bayerischen Anwaltschaft, insbesondere dem bayerischen Anwaltsverbande, geschaffen und redigiert worden. Vgl. hiezu vor allem die MittBayAnwVerb. (Beilage zur BayZ.) 1919 Heft 1—3; JW. 1924, 398 u. a.

II. Die Hauptgrundsätze der Rechtspflegeverordnung (Überblick). 10

Der Inhalt der RpflVO. (in ihrer heutigen Gestalt) läßt sich kurz folgendermaßen skizzieren:

1. In den ersten drei Artikeln werden verschiedene Fälle aufgezählt, in denen die RAGebO. als Ganzes entsprechende Anwendung finden soll. Einige Besonderheiten und Angleichungen sind dabei vorgesehen.

2. In allen anderen Angelegenheiten (die nicht im Art. 1—3 genannt sind) findet, 11
soweit es sich nicht um Angelegenheiten der Verwaltung oder Verwaltungsrechtspflege handelt, der zweite Teil der RpflVO. (Art. 5 bis 27) Anwendung. Ausgenommen sind aber hievon diejenigen Tätigkeiten, die man im Sinne des Gebührenrechts als uneigentliche Berufstätigkeit der RA.e bezeichnet: Konkursverwaltungen, Zwangsverwaltungen, Vormundschaften, Pflegschaften, Testamentsvollstreckungen, Vermögensverwaltungen usw. Auch kann infolge der Vorschrift des Art. 26 die RAGebO. auf besondere Verfahrensarten Anwendung finden, obwohl dieselben in Art. 1—3 nicht genannt sind.

3. Besonders geregelt ist — in starker Anlehnung an die preuß. LGebO. — in den 12
Art. 17 bis 23 mit Art. 27 die Immobiliarzwangsversteigerung und Zwangsverwaltung mit einigen ähnlichen Verfahrensarten.

4. Besonders geregelt ist ferner die amtliche Nachlaß- und Gesamtgutsauseinandersetzung in Art. 24 bzw. 27 RpflVO.

5. Was nicht den Sonderregelungen nach Z. 3 und 4 untersteht, wird — mit der 13
durch Art. 25 gegebenen Ausdehnung — von dem System der Art. 5 bis 16 beherrscht. Dieses System ist im wesentlichen, aber nicht ausschließlich, ein Einzelgebührensystem. Unter Zugrundelegung des Gegenstandswerts, der an die Stelle des „Streitwerts" tritt (Art. 15) und der Gebührenskala des § 9 RAGebO. (Art. 5) werden die einzelnen

---

[3]) BayObLG. 28, 343 (1928).

[4]) Eventuell wären die Ausführungen bei Walter-Joachim-Friedlaender[8] Anh. I zum I. Abschnitt zu vergleichen.

[4a]) Die Angemessenheitsklausel gilt auch für das Gebiet der VerwGebO. Aber sie hat dort den Art. 11 (Generalklausel) nicht verdrängt, sondern gilt neben dieser Vorschrift. Das ist von Bedeutung, weil Art. 11 auch dem unterliegenden Gegner gegenüber Anwendung findet, die AngKlausel dagegen nicht. Demgemäß ist auch die Fußnote bei Walter-Joachim-Friedlaender[8] S. 584 zu berichtigen.

Gebühren nach den Vorschriften der Art. 6—14, 16 berechnet. Zum Teil sind diese Gebühren sog. **Rahmengebühren** ($^2/_{10}$—$^5/_{10}$ usw.).

Art. 6 regelt die **Informationsgebühr**. Sie ist eine Pauschgebühr: der RA. erhält sie für die gesamte Informationstätigkeit und grundsätzlich höchstens **einmal** in jeder Instanz.

Art. 7 regelt die **Ratsgebühr**. Auch sie hat, richtig gesehen, den Charakter einer Pauschgebühr.

Art. 8 enthält eine **Einzelgebühr** für Anträge, Erklärungen und Beschwerden bei Behörden (**Schriftsatzgebühr**). Sie kann in jeder Instanz mehrfach anfallen.

Art. 9 regelt die sog. **Briefgebühr**, Art. 10 die **Terminsgebühr**, beide ebenfalls **Einzelgebühren**.

Art. 11 behandelt die **Vergleichsgebühr**, bei der die Unterscheidung zwischen Einzel- und Pauschgebühr wohl nur akademische Bedeutung hätte, da hier **ein Vergleich in einer** Angelegenheit bezüglich desselben Gegenstandes immer nur einmal vorkommen wird.

Die **Rechtsgeschäftsgebühr** des Art. 12 ist grundsätzlich eine **Einzelgebühr**, wobei jedoch infolge der Besonderheiten des Falles auch dieser Begriff einer sorgfältigen Behandlung und Anpassung bedarf.

14 Die **Summe der in einer Instanz anfallenden Gebühren** erfährt durch Art. 14 wesentliche und sehr beachtliche Einschränkungen.

Art. 13 enthält eine dem § 90 RAGebO. entsprechende Regelung für die Vorbereitung oder den Beginn eines der gebührenpflichtigen Geschäfte nach Art. 7—12, für den Fall, daß sie nicht zustande kommen, während Art. 16 „Nebengeschäfte" und Vorbereitungshandlungen für gebührenfrei erklärt, falls das Hauptgeschäft bis zur Entstehung einer Gebühr gedeiht.

Art. 27 Abs. 1 endlich zählt verschiedene Bestimmungen der RAGebO. auf, die in den Fällen der Art. 6—16, 25 anwendbar sind und die z. T. besondere Beachtung verdienen.

15 6. Es ist oben (Fußnote 1) schon darauf hingewiesen worden, daß die landesrechtliche Befugnis zur Regelung des Gebührenwesens keine unbeschränkte ist. Nur „Taxen" können landesrechtlich geregelt werden und unter Taxen versteht man die allgemeine Festsetzung bestimmter Normen über die nicht durch Einzelvertrag geregelte Höhe einer Vergütung. Diesen Charakter haben zweifellos alle besonderen Vorschriften der bayRpflVO. Nicht aber trifft das gleiche zu hinsichtlich aller Bestimmungen, die durch Verweisung auf die RAGebO. einzelne oder alle Normen derselben für anwendbar erklären. Wenn z. B. durch Art. 1 oder Art. 27 u. a. § 86 Abs. 1 RAGebO. herangezogen wird, der die Einforderung der Kosten von besonderen formellen Voraussetzungen abhängig macht, so ist dies keine Taxvorschrift, sondern eine zivilrechtliche Bestimmung, die nach Art. 55 EGBGB. als landesrechtliche Norm der Gültigkeit entbehrt. Ebenso § 93 Abs. 2, § 93 Abs. 1 Satz 2 RAGebO. usw.

16 III. Die Angemessenheitsklausel im besonderen.

Schon oben wurde erwähnt, daß durch Art. 4 der VO. vom 29. Dezember 1923 die sog. Angemessenheitsklausel eingeführt wurde, die seitdem in Geltung ist und folgenden Wortlaut hat:

> Der Rechtsanwalt kann, wenn seine Tätigkeit von besonderer Wichtigkeit oder Schwierigkeit war oder wenn sonst die Umstände des Falles eine solche Erhöhung angezeigt erscheinen lassen, eine den Höchstsatz der gesetzlichen Vergütung überschreitende Gebühr verlangen. Dies gilt nicht im Verhältnis zu einem erstattungspflichtigen Gegner oder dem Staate bei Pflichtaufträgen.

Diese wichtige und grundlegende Bestimmung ist hier zu erläutern:

1. Die Angemessenheitsklausel (= AKl.), die für das Gebiet der RpflVO. an die Stelle der früheren Generalklausel (Art. 1 Abs. 3 VO. vom 12. Oktober 1921 und Art. 4 VO. vom 17. August 1923, Art. 11 VerwGebO.) getreten ist[4b]), gilt nicht nur für die Fälle, in denen die RpflVO. die Gebühren der RA.e selbständig regelt, sondern auch für die Fälle, in denen sie die RAGebO. als Ganzes für anwendbar erklärt (vgl. unten Art. 1 Anm. 2). An der Gültigkeit der AKl. ist nicht zu zweifeln. Sie ist zwar nicht selbst eine Taxe; aber sie befreit für gewisse Fälle den Anwalt von der strengen Taxvorschrift, die das Land Bayern einführen durfte, aber nicht mußte. Sie stellt also den Zustand wieder her, der nach bürgerlichem Reichsrecht an sich gelten würde: die Taxe ist nur eine Mindesttaxe. 17

2. Voraussetzung für die Anwendbarkeit der AKl. ist, daß die Umstände des Falles eine Erhöhung der Vergütung über die gesetzliche Höchstgrenze hinaus angezeigt erscheinen lassen, d. h. daß die gesetzliche Vergütung im Einzelfalle noch kein angemessenes Entgelt darstellt. Art. 4 der VO. vom 29. Dezember 1923 führt die Momente der „besonderen Wichtigkeit“ und „Schwierigkeit“ nur als Beispiele der die Erhöhung der Vergütung rechtfertigenden Umstände an. Welche Umstände hier sonst noch in Betracht kommen können, läßt sich allgemein gar nicht umschreiben. Hervorragende Spezialkenntnisse des Anwalts, geringer Gegenstandswert infolge gesetzlicher Vorschriften bei großer Mühe oder Verantwortung (z. B. Fertigung eines langjährigen, komplizierten Pachtvertrages), günstige Vermögensverhältnisse des Klienten verbunden mit starkem ideellem Interesse und viele andere Momente können hier berücksichtigt werden[5]). 18

Die Erhöhung kann nie über die Grenze des angemessenen Entgelts hinausgehen. Im Streitfalle entscheidet der Richter, der hier regelmäßig das Gutachten des Vorstands der Anwaltskammer einholen wird, obwohl er dazu nicht verpflichtet und, wenn er es tut, nicht daran gebunden ist. 19

3. Macht der RA. von der AKl. Gebrauch, so braucht er insoweit nicht anzugeben, wie hoch die gesetzlichen Gebühren abgesehen hievon sein würden. Das folgt schon aus der Unanwendbarkeit des § 86 RAGebO. (oben Anm. 15). Aber auch wenn man diese Vorschrift als landesrechtliche Norm an sich für anwendbar hält, so kann sie doch für die AngKl. nicht gelten, weil die auf Grund dieser Klausel erfolgende Berechnung ja gar nicht an Gegenstandswert und Gebührenskala gebunden ist und von ganz anderen Voraussetzungen ausgehen kann. Erst wenn sich ergibt, daß für die Klausel kein Raum ist, kommt § 86, wenn man ihn überhaupt gelten läßt, zur Anwendung. 20

Selbstverständlich soll Art. 4 den Anwalt nicht von der Pflicht befreien, im Bestreitungsfalle seine Forderung auch der Höhe nach zu begründen, und hiebei wird oft doch wieder auf die Grundlagen der gesetzlichen Gebühren zurückzugehen sein, weil sie eben für den Normalfall den Berechnungsmaßstab abgeben.

4. Gegenüber dem unterliegenden Gegner und dem Staat (bei Pflichtaufträgen) gilt die AngKl. nicht. Das ist z. B. wichtig in der freiwilligen Gerichtsbarkeit, namentlich in Armensachen. Für die gerichtliche Kostenfestsetzung kommt die Klausel also nicht in Betracht. Hinsichtlich des Art. 11 VerwGebO. vgl. dagegen oben Fußnote 4a. 21

5. Die Anwendung oder Nichtanwendung der AngKl. kann Rechtsverletzung und daher Revisionsgrund sein, z. B. die Verkennung der in Anm. 17 dargelegten Grundsätze. Dagegen ist die Frage, ob besondere Umstände eine Erhöhung rechtfertigen und welcher Betrag angemessen sei, Ermessensfrage. 21a

---

[4b]) Hinsichtlich der VerwGebO. vgl. oben Fußnote 4a.

[5]) Vgl. den Art. 20 VerwGebO., der schon für die Bemessung der Rahmengebühren dieser VO. u. a. die „Leistungsfähigkeit des Pflichtigen“ erwähnt. Siehe auch unten Art. 12 Anm. 7; ferner Feuchtwanger JW. 1930, 1577[1].

22 **IV. Die Erstattung der Kosten des Armenanwalts durch den Staat.**

Soweit die Vorschriften der ZPO. (oder der StPO.) über das Armenrecht unmittelbare oder entsprechende Anwendung finden, kommt auch für das Gebiet der LGebO. das Gesetz über die Erstattung von Rechtsanwaltsgebühren in Armensachen vom 20. Dezember 1928 (RGBl. I 411) zur Anwendung. Das gilt z. B. in Immobiliarzwangsvollstreckungssachen, in der freiw. Gerichtsbarkeit, insbesondere in Aufwertungssachen[6]). Da die RpflVO. die Gebührenskala des § 9 RAGebO. übernommen hat, so sind die Schwierigkeiten, die sich z. B. in Preußen ergeben haben[6a]), in Bayern nicht vorhanden. Es gilt mithin auch § 1 Abs. 2 ArmAnwGes. in vollem Umfange.

23 **V. Übergangsrecht.**

Es besteht z. Z. kaum ein praktischer Anlaß, dem Übergangsrechte der LGebO. ausführlichere Betrachtungen zu widmen. Die älteren Bestimmungen (von 1902, 1921, 1923) sind längst gegenstandslos. Von praktischer Bedeutung können vielleicht Übergangsfragen sein, die sich aus dem Inkrafttreten des Reichsges. vom 28. Januar 1927 (am 1. April 1927) und aus dem Inkrafttreten des ArmAnwGes. vom 20. Dezember 1928 (am 1. April 1929) ergeben.

1. Das Gesetz vom 28. Januar 1927 hat die Sätze des § 9 RAGebO., die bis dahin auf der VO. vom 13. Dezember 1923 beruhten, z. T. stark herabgemindert. Art. V Abs. 2 dieses Gesetzes enthält dann die typische Übergangsbestimmung des Reichsrechts (rückwirkende Geltung des neuen Rechts für alle schwebenden Instanzen); praktisch steht aber, weil die Gebühren im wesentlichen herabgesetzt wurden, im Vordergrunde die Vorschrift des Art. V Abs. 3, die das sog. natürliche Übergangsrecht gelten läßt, wenn die neuen Gebühren niedriger sind als die bisherigen: die bis zum 1. April 1927 entstandenen Gebühren konnten dann nach früherem Rechte, die nachher entstandenen nur nach den geringeren Sätzen des neuen Rechts erhoben werden.

Art. III des Ges. bestimmt:

> Soweit in Reichsgesetzen oder Landesgesetzen auf Vorschriften verwiesen ist, die durch dieses Gesetz geändert werden, treten vorbehaltlich anderweitiger landesgesetzlicher Regelung die entsprechenden Vorschriften dieses Gesetzes an ihre Stelle.

In Bayern ist auf Grund dieser Bestimmung vom 1. April 1927 ab die neue Skala des § 9 RAGebO. an die Stelle der früheren getreten (Art. 5 RpflVO.), ebenso die neuen §§ 63, 67 RAGebO. an Stelle der früheren.

24 Man wird annehmen dürfen, daß auch die Übergangsbestimmungen des Art. V auf das Landesrecht Anwendung finden sollen; denn wenn das Reichsrecht den Zeitpunkt bestimmt, von dem ab die neuen Vorschriften auch in den Ländern gelten, so muß sich im Zweifel auch die Übergangsvorschrift nach Reichsrecht richten. Abänderungen sind ja den Ländern ausdrücklich vorbehalten; in ihre Rechte wird also in keiner Weise eingegriffen.

25 Hinsichtlich des § 9 RAGebO. bedeutet diese Anwendbarkeit des Art. V — wie oben schon angedeutet — keine Abweichung von dem natürlichen Übergangsrechte, wie es auch ohne besondere Regelung gelten würde. Für die §§ 63 und 67 RAGebO. aber — z. B. im Forstrügeverfahren — bedeutet es die Rückwirkung für die Instanz[7]).

26 Schwierigkeiten können sich ergeben, wenn es sich um die Berechnung der Höchstsätze des Art. 14 RpflVO. handelt: wenn z. B. bei einem Gegenstandswert von 30000 RM. 4 Termine vor dem 1. April 1927, 2 Termine nach diesem Tage wahrgenommen wurden

---

[6]) So jetzt auch die herrschende Meinung. Vgl. Walter-Joachim-Friedlaender[8] Anh. II zum I. Abschnitt Anm. 2; Friedlaender-Kraemer, Preuß. LGebO. S. 23; Baumbach RKostGes.[3] ArmAnwGes. § 1 Anm. 1; OLG. Hamburg LZ. 1928, 211[7] u. a.

[6a]) Vgl. Friedlaender JW. 1926, 1528; KG. JW. 1930, 561[1].

[7]) Über diesen Begriff in Strafsachen vgl. Walter-Joachim-Friedlaender[8] Anh. I zum I. Abschnitt Anm. 20ff.

und wenn später ein Vergleich im Sinne des Art. 14 Abs. 3 geschlossen wurde, so erhält der RA. an sich für den ersten Termin $^3/_{10}$ aus 465 = 139,50 RM., für die 3 folgenden zusammen $^6/_{10}$ aus 465 = 279 RM., dann 2 × $^2/_{10}$ aus 305 = 122 RM. und endlich $^{10}/_{10}$ aus 305 = 305 RM. Zählt man diese Ziffern zusammen, so ergibt sich die Summe von 845,50 RM. Die Gesamtsumme darf aber nach Art. 14 Abs. 3 RpflVO. nicht mehr als $^{15}/_{10}$ betragen, und zwar wird man unter Zugrundelegung ähnlicher Rechtsgedanken, wie sie etwa im § 14 Abs. 2 GKG. zum Ausdruck kommen, die $^{15}/_{10}$ aus dem höheren Gebührensatz, also hier aus dem des älteren Rechts, d. h. aus 465 RM. berechnen müssen, so daß die 845,50 RM. auf 697,50 RM. zu reduzieren sind. Ferner ist zu beachten, daß erworbene Rechte nicht angetastet werden sollen und dürfen: wenn also etwa vor dem 1. April 1927 eine Informationsgebühr ($^2/_{10}$) und 4 Schriftsatzgebühren (zusammen $^8/_{10}$) angefallen sind, also bei einem Streitwert von 30000 RM. eine volle Gebühr zu 465 RM., so kann sich diese Summe nicht mehr mindern. Wechselt der Wert des Gegenstandes, so können weitere Komplikationen entstehen; grundsätzlich gilt auch hier für die Berechnung der Höchstbeträge der höhere Wert und die höhere Skala.

2. Das Armenanwaltsgesetz regelt reichsrechtlich auch die Erstattungspflicht der Länder auf Grund des FGG., des AufwG. usw. Daher gilt auch die Übergangsvorschrift des Art. II Abs. 2 ArmAnwGes. unmittelbar für diese Fälle. Die höheren Sätze finden mithin Anwendung, soweit die „Instanz" am 1. April 1929 noch nicht beendigt war. Die Möglichkeit, daß in der Übergangszeit vom 1. bis einschl. 20. Juli 1928 die höheren Armenrechtsgebühren der VO. vom 13. Dezember 1923 anfielen, ist auch in diesen Fällen gegeben; dauerte dann die Instanz noch nach dem 1. April 1929 fort, so können die bis dahin entstandenen Gebührenansprüche gegen den Staat durch das neue Gesetz nicht mehr gemindert werden (Art. 153 RVerf.)[8]. 27

VI. Zwischenstaatliches Recht. 28

Durch die Untersuchungen von Karl Neumeyer[9]) ist nachgewiesen, daß für den Rechtsanwalt der Grundsatz gilt: das Recht am Orte der Niederlassung ist für die Bemessung der Vergütung maßgebend, auch wenn die Tätigkeit sich in einem anderen Lande abwickelt. Dies gilt auch für das Verhältnis der einzelnen LGebO.en untereinander und es gilt auch — mangels abweichender Vorschrift in der heimischen LGebO. des Anwalts — für die Tätigkeit vor Behörden eines anderen Landes, des Reichs oder des Auslandes[10]).

Der bayerische Anwalt liquidiert also „in Angelegenheiten der Rechtspflege" nach der bay.RpflVO., auch wenn er z. B. vor einer preußischen Aufwertungsstelle oder bei einem mecklenburgischen Vormundschaftsgericht tätig wird. Nun kann freilich auch die Frage zweifelhaft sein, ob die Behörde, vor der sich die Sache abspielt, als Verwaltungsbehörde oder als Gericht tätig wird, ob also eine Angelegenheit der Verwaltung oder der Rechtspflege vorliegt. Diese Frage entscheidet sich nach dem Rechte des Staates, vor dessen Behörden sich das Verfahren abwickelt, und je nach ihrer Beantwortung ergibt sich, ob die RpflVO. oder die VerwGebO. anwendbar ist.

---

[8]) Vgl. hiezu: KG. JW. 1929, 3180; Carlebach dortselbst; Friedlaender JW. 1930, 183; OLG. Köln JW. 1930, 579. Ferner die Zusammenstellung bei Friedlaender JW. 1930, 2030.

[9]) Internationales Verwaltungsrecht 2, 262ff.; GoltdArch. 64, 1ff.

[10]) Hiezu ausführlich mit Literatur: M. Friedlaender JW. 1930, 113; KG bezeichnet diese Lehre jetzt als „allgemein anerkannt". (JW. 1930, 1072[1].)

II. Verordnung die Gebühren der Rechtsanwälte in den Angelegenheiten der Rechtspflege betreffend.

Vom 26. März 1902 (GVBl. 128).
(RpflVO.)

Artikel 1.

Die Reichsgebührenordnung für Rechtsanwälte findet entsprechende Anwendung auf die Berufstätigkeit des Rechtsanwalts

1. in den vor die ordentlichen Gerichte gehörenden bürgerlichen Rechtsstreitigkeiten mit Ausnahme der in den Artikeln 17 bis 23 aufgeführten Angelegenheiten, auch soweit das Verfahren den Vorschriften der Zivilprozeßordnung oder der Konkursordnung nicht unterliegt,
2. in den vor besondere Gerichte gehörenden bürgerlichen Rechtsstreitigkeiten, auf welche die Zivilprozeßordnung Anwendung findet,
3. in den vor die ordentlichen Gerichte gehörenden Strafsachen, auch soweit das Verfahren landesgesetzlich geregelt ist,
4. in den vor besondere Gerichte gehörenden Rechtssachen, auf welche die Strafprozeßordnung Anwendung findet.

Das Verfahren in Forstrügesachen vor dem Amtsgerichte steht dem Verfahren vor dem Schöffengerichte gleich.

Übersicht.

1 **I. Allgemeines.** Art. 1 erklärt durch eine allgemeine Klausel in gewissen Verfahrensarten die RAGebO. in ihrer Gesamtheit für entsprechend anwendbar. Das bedeutet in positiver Hinsicht, daß die sämtlichen Vorschriften der RAGebO., soweit sie auf das betreffende Verfahren passen, anzuwenden sind. Anwendbar ist also ins-

besondere auch der allgemeine Grundsatz des § 1 RAGebO., wonach die Tätigkeit in einem Verfahren die „beratende Tätigkeit, welche den Beginn oder die Fortsetzung eines solchen Verfahrens betrifft", mitumfaßt.

Die Regeln, welche für das Verhältnis der Art. 6ff. RpflVO. zu § 1 RAGebO.[1]) gelten, finden daher auch auf das Verhältnis dieser Artikel zu Art. 1ff. RpflVO. Anwendung.

In negativer Hinsicht besagt die Klausel, daß die besonderen Vorschriften der Art. 5ff. 2
unserer VO. auf die Berufstätigkeit der RA. in den hier behandelten Verfahrensarten keine Anwendung finden. Dagegen gilt die Angemessenheitsklausel des Art. 4 der VO. vom 29. Dezember 1923 auch für das ganze Gebiet des Art. 1 und der ihm nachfolgenden Bestimmungen. Das kann nach Wortlaut und Zweck, auch nach der Entstehungsgeschichte dieser Vorschrift, nicht zweifelhaft sein. Bayern wollte für den ganzen Geltungsbereich seiner beiden Landesgebührenordnungen den Anwälten das geben, was ihnen das Reich noch verweigerte, nämlich die Möglichkeit der Berücksichtigung besonderer Umstände bei der Gebührenberechnung auch ohne Honorarvereinbarung[2]). Warum diese Klausel nicht in den Fällen des Art. 1 genau so gut gelten sollte wie z. B. in dem Verfahren der freiw. Gerichtsbarkeit, in dem die Art. 5ff. RpflVO. Anwendung finden, ist nicht einzusehen.

Die nach dem Gesagten zuweilen bedeutsame Frage, ob die RAGebO. unmittelbare 2a
Anwendung auf eine Verfahrensart finde oder ob dies nur auf dem Umwege über Art. 1, also mittelbar, der Fall sei, hatte auch vor Geltung der Angemessenheitsklausel nicht nur theoretische Bedeutung: insbesondere kommt bei unmittelbarer Anwendbarkeit des Reichsrechts die Nichtigkeit gewisser Vorschriften (§§ 86, 93 Abs. 2 RAGebO., früher der Formvorschrift des § 93 Abs. 2 ä. F.) nicht in Frage, deren landesrechtliche Geltung — sei es auch auf dem Wege der gesetzlichen Heranziehung zur „entsprechenden Anwendung" — nicht beansprucht werden kann. Vgl. oben Einl. Anm. 15.

II. Die einzelnen Gruppen der Fälle des Artikel 1. 3

A. Artikel 1 Nr. 1: Die RAGebO. soll zunächst entsprechende Anwendung finden in den vor die ordentlichen Gerichte gehörenden bürgerlichen Rechtsstreitigkeiten (mit Ausnahme der in Art. 17—23 aufgeführten Sachen), auch soweit das Verfahren den Vorschriften der ZPO. oder der KO. nicht unterliegt.

1. Die ordentlichen Gerichte sind die Amts-, Land- und Oberlandesgerichte, das 4
RG. und das bay. oberste Landesgericht.

2. Die vor die ordentlichen Gerichte gehörenden Rechtsstreitigkeiten sind die- 5
jenigen Sachen, die vor die ordentlichen Gerichte gebracht werden oder bei denen die „beratende" Tätigkeit des RA. mit Bezug auf ein Verfahren vor den ordentlichen Gerichten in Anspruch genommen wird. Es leuchtet ohne weiteres ein, daß im kostenrechtlichen Sinne eine Sache auch dann vor die ordentlichen Gerichte „gehört", wenn sie z. B. beim Landgerichte anhängig gemacht wird, wenn in Wirklichkeit aber ein Verwaltungsgericht zuständig wäre[3]).

---

[1]) Vgl. Walter-Joachim-Friedlaender[8] § 1 Anm. 62ff. und unten Vorb. zu Art. 6ff.

[2]) Vgl. Walter-Joachim-Friedlaender[8] Einleitung § 1 Anm. 10, 11; M. Friedlaender JW. 1924, 398.

[3]) Vgl. hiezu Friedlaender GKG. § 1 Anm. 8.

6 3. Auch der Begriff der (vor die ordentlichen Gerichte gehörenden) bürgerlichen Rechtsstreitigkeiten bestimmt sich hier nicht nach der (objektiven) rechtlichen Natur der dem Gerichte unterbreiteten Ansprüche und Rechtsverhältnisse, wie bei der Entscheidung über die Zulässigkeit des Rechtswegs[4]). Denn auch dann, wenn sich im Verfahren erweist, daß die Sache keine bürgerliche Rechtsstreitigkeit im eben bezeichneten Sinne ist, so muß kostenrechtlich doch wenigstens der Streit über ihre rechtliche Natur als bürgerlichrechtliche Streitigkeit angesehen werden: Gerichtskosten und Anwaltskosten sind grundsätzlich nach derselben Norm zu berechnen, wenn das Gericht sich für zuständig erklärt, wie wenn das Gegenteil der Fall ist. Auch für die Beratung über die Zuständigkeit des Gerichts gilt das Entsprechende. Es kommt also darauf an, ob das Gericht für eine vom Kläger als bürgerlichrechtliche Streitigkeit behandelte Sache in Anspruch genommen wird oder werden soll.

7 Als einen Teil der „bürgerlichen Rechtsstreitigkeiten" betrachtet Art. 1 nach seinem Wortlaut auch das Konkursverfahren. Das ist begrifflich richtig. Wie die Zwangsvollstreckung (Spezialexekution), die Art. 1 Nr. 1 ebenfalls zutreffend zu den bürgerl. Rechtsstreitigkeiten zählt, so gehört auch der Konkurs als Generalexekution seinem Wesen nach zum Zivilprozeß[5]).

8 4. Soweit auf das Verfahren vor den ordentlichen Gerichten die ZPO. oder die KO. Anwendung findet, gilt die RAGebO. kraft Reichsrechts, u. z. auch dann, wenn die Geltung der erwähnten Reichsjustizgesetze auf Landesrecht beruht. Ist aber das Verfahren anderweitig geregelt (vgl. § 14 GVG., § 3 Abs. 2 EGGVG.) und greift auch eine andere reichsrechtliche Norm nicht ein, so findet die RAGebO. kraft Landesrechts (Art. 1 Nr. 1) analoge Anwendung.

9 Die Geltung der ZPO. oder KO. liegt schon dann vor, wenn diese Gesetze im wesentlichen auf das Verfahren Anwendung finden; dabei kommt es besonders auf die Anwendbarkeit derjenigen Vorschriften an, welche für die kostenrechtliche Gliederung des Verfahrens bestimmend sind[6]). Der Verfasser der RpflVO. von 1902 war offenbar anderer Meinung; er sagt ausdrücklich in der Begründung[7]): es richte sich zwar in verschiedenen zuvor genannten Angelegenheiten das Verfahren „im wesentlichen" nach den Bestimmungen der ZPO. „Der Umstand, daß nur einzelne für den Gebührensatz bedeutungslose Vorschriften über das Verfahren durch Landesgesetz oder durch besonderes Reichsgesetz gegeben sind, führt aber nicht zur unmittelbaren Anwendung der Reichsgebührenordnung."

Diese rein formalistische Auffassung ist aber schon lange nicht mehr die herrschende[7a]). Sie war für den Fall des Art. 1 Nr. 1 vor Geltung der VO. vom 29. Dez. 1923 ohne wesentliche Bedeutung, insofern nämlich die Heranziehung der RAGebO. durch das Landesrecht nur die Wirkung einer Klarstellung hatte (es war — abgesehen von dem oben Anm. 2a Gesagten — belanglos, ob sie auf Grund des § 1 RAGebO. oder auf Grund des Art. 1 RpflVO. galt). Dagegen ist im Falle des Art. 1 Nr. 2 RpflVO. die Sachlage eine andere:

---

[4]) Vgl. etwa bay. KompKonflGerHof 12. Nov. 1929 JW. 1930, 365[4].

[5]) Vgl. Jaeger, KO.[5] § 71 Anm. 1ff.

[6]) Vgl. hiezu Friedlaender GKG. § 1 Anm. 11; Friedlaender-Kraemer Pr. LGebO. (1928) Art. 2 Anm. 4.

[7]) JMBl. 1902, 448.

[7a]) Die WürttLGebO. vom 25. Febr. 1927 spricht in Art. 2 Nr. 2 von „jedem geschlossenen Verfahren, auf das die ZPO. oder die StPO., wenn auch nur ergänzend oder mit Beschränkungen anzuwenden ist".

in den vor besondere Gerichte (z. B. die Arbeitsgerichte erster Instanz) gehörigen Rechtsstreitigkeiten findet die Reichsgeb O. weder nach § 1 RAGebO. noch nach Art. 1 RpflVO. Anwendung, wenn das Verfahren sich nicht nach der ZPO. richtet. Hält man also jede Abweichung von diesem Gesetz für genügend, um anzunehmen, daß das Verfahren sich nicht nach der ZPO. richtet, so findet im arbeitsgerichtlichen Prozeß erster Instanz die RAGebO. keine Anwendung, was wiederum für die Länder mit niedrigerer landesrechtlicher Gebührenstaffel und ohne Angemessenheitsklausel, aber mit einer dem Art. 1 Nr. 2 RpflVO. entsprechenden Vorschrift (insbes. Preußen) von großer Bedeutung wäre[8]).

5. Auch bezüglich der Frage, ob es sich um ein Verfahren handelt, „auf das die ZPO. 10
Anwendung findet", gibt es Fälle, in denen dieser Satz nicht wörtlich, d. h. in rein objektivem Sinne verstanden werden darf (vgl. die analoge Frage oben in Anm. 5, 6). Wenn eine Sache in den Formen des Zivilprozesses behandelt werden soll oder behandelt wird, so findet im kostenrechtlichen Sinne die ZPO. Anwendung[9]).

6. Ausdrücklich ausgenommen von der analogen Geltung der RAGebO. sind 11
die in den Art. 17—23 RpflVO. aufgeführten Angelegenheiten (Zwangsversteigerungs- und Zwangsverwaltungsverfahren usw.). Vgl. hiezu Art. 17 Anm. 18, ferner Art. 25 sowie Vorb. zu Art. 17—23 Anm. 5.

7. Von den Fällen, die unter Art. 1 Nr. 1 fallen, zählen die Motive eine große An- 12
zahl auf[10]). Von den dort angeführten Beispielen haben einige heute jede praktische Bedeutung verloren; andere gehören deshalb nicht hierher, weil sie Fälle betreffen, in denen die RAGebO. schon nach § 1 dieses Gesetzes Anwendung findet (oben Anm. 9): so die Zivilprozesse über die Höhe der Entschädigung bei der Zwangsenteignung, die Anträge auf einstw. Verfügung nach Art. 22 AG.z.ZPO. und KO. (26. Juni 1899)[11]) usw. Die beiden angeführten Beispiele sind besonders bezeichnend für die Unrichtigkeit der von den Motiven vertretenen Meinung über den Begriff der Anwendbarkeit der ZPO. Nach Art. 21 AG.z.ZPO. u. KO. steht beiden Teilen gegen die Feststellung der Entschädigung im Enteignungsverfahren die Beschreitung des Rechtswegs offen. Ausschließlich zuständig ist das Gericht, in dessen Bezirk das Grundstück liegt. Auf Verlangen einer Partei ist neue Schätzung vorzunehmen; die Schätzmänner, die im Verwaltungsverfahren die Schätzung vorgenommen haben, dürfen nur mit Zustimmung der Parteien als Sachverständige ernannt werden. Art. 22 regelt dann die Einweisung des Abtretungsberechtigten durch die Verwaltungsbehörde, läßt aber auf Antrag des Pflichtigen eine richterliche Verfügung dahin zu, daß die Einweisung von Sicherheitsleistung seitens des Berechtigten abhängig gemacht werde. Diese wenigen Vorschriften, die sich lediglich als geringfügige Ergänzungen der ZPO. darstellen, können unmöglich dazu führen, die Frage der Anwendbarkeit dieses Gesetzes zu verneinen[12]).

---

[8]) Vgl. Friedlaender-Kraemer PrLGebO. Art. 2 Anm. 6.

[9]) Vgl. Baumbach RKostGes.[3] § 1 GKG. Anm. 2 B; RG. JW. 1902, 547[15]; Friedlaender GKG. § 1 Fußnote 9. Siehe hiezu auch RArbG. JW. 1930, 738[1].

[10]) JMBl. 1902, 445 ff. Vgl. auch Merzbacher[2] § 1 Anm. 3.

[11]) Vgl. Merzbacher[2] Art. 1 Anm. 3a und Henle, Zwangsenteignung[2] (1911) Art. 22 Anm. 7.

[12]) Das BayKostGes. steht gleich den Motiven zur RpflVO. auf einem anderen Standpunkt. Daraus erklärt sich die Regelung in Art. 22 Abs. 1, 2 u. 4 KostGes. In Art. 22 Abs. 2 heißt es: „Für die Entsch. einschließlich des vorangegangenen Verfahrens über Anträge auf Anordnung einer Sicherheitsleistung (Art. 22 AG.z.ZPO. u. KO.) werden

Besonders groß wird nach den vorstehenden Ausführungen das praktische Anwendungsgebiet des Art. 1 Nr. 1 heute nicht mehr sein.

13 Weder unter Art. 1 Nr. 1 noch unter § 1 RAGebO. fallen von den vor die ordentlichen Gerichte gehörigen Sachen insbesondere:

a) die in Anm. 11 erwähnten Angelegenheiten;

b) die Angelegenheiten der freiwilligen Gerichtsbarkeit einschließlich des Aufwertungsverfahrens[12a]), weil hier keine bürgerlichen Rechtsstreitigkeiten vorliegen; was das positive Recht der freiwilligen Gerichtsbarkeit zuweist, ist im Sinne des positiven Prozeßrechts nicht mehr „Rechtsstreitigkeit", ebenso wie umgekehrt Angelegenheiten, die begrifflich zur freiw. Gerichtsbarkeit gehören (z. B. das Entmündigungsverfahren) als „Rechtsstreitigkeiten" anzusehen sind, wenn das positive Recht sie dem Zivilprozeß zuweist[13]).

c) die Grundbuchsachen aus dem gleichen Grunde.

14 Äußerst zweifelhaft ist dagegen in Bayern die Rechtslage hinsichtlich der Miet- und Pachteinigungsämter.

Seit der Entsch. des RG. vom 16. Nov. 1923 (RGZ. 107, 284) geht die herrschende Meinung dahin, daß die Mieteinigungsämter Verwaltungsbehörden, nicht besondere Gerichte seien. Obwohl nun das RG. nur von der rechtlichen Natur des Verfahrens ausgeht, wird die für den speziellen Fall gezogene Schlußfolgerung, daß eine vor dem städtischen MEA. vergleichsweise übernommene Verpflichtung zur Übertragung von Grundstückseigentum formungültig sei, am Schlusse der Entscheidung für den Fall, daß ein Gericht mit den Aufgaben des MEA. betraut sei, schon wieder in Frage gestellt. Über die rechtliche Natur des Verfahrens vor dem MEA., das ja in beiden Fällen das gleiche ist, erfahren wir also aus der RGEntsch. nichts Grundsätzliches[14]).

$^2/_{10}$ der Sätze des § 8 RGKG. erhoben". Nun enthält Art. 22 AG.z.ZPO. u. KO., soweit es hier einschlägig ist, lediglich die Bestimmung, daß die Verwaltungsbehörde vor oder nach Beschreitung des Rechtsweges gegen Erlage der von ihr bestimmten Entschädigungssumme und der Kosten den Berechtigten in den Besitz der Abtretungsgegenstände einweisen könne, „soweit dies nicht auf Antrag des Abtretungspflichtigen und nach Anordnung des angerufenen Gerichts von vorheriger Sicherheitsleistung für den Fall der Erhöhung der Entschädigungssumme durch richterliches Urteil abhängig gemacht wird". Hier werden also lediglich Voraussetzung und Inhalt einer gerichtlichen Verfügung normiert. Kein Wort über die Einzelheiten des Verfahrens, das sich natürlich dem regulären Zivilprozeß eingliedern muß. Es ist einfach ein Fall der einstw. Verfügung. Das Verfahren regelt sich nach §§ 916ff. ZPO. (s. Fußnote 11). Die überflüssige Sonderregelung in Art. 22 Abs. 2 KostGes. paßt heute gar nicht mehr zu den Vorschriften des § 32 GKG.; sie war dem § 35 Nr. 3 GKG. ä. F. nachgebildet.

[12a]) Jetzt allgemein anerkannt. Es kommen die Art. 6 ff. zur Anwendung u. z. auch dann, wenn die Zuständigkeit der Aufwertungsstelle vereinbart ist: So KG. und Kraemer JW. 1928, 1821[3].

[13]) Vgl. Stein-Jonas[14] Vorb. z. I. Abschnitt, Anm. II, III.

[14]) Vgl. die Literatur, die in RGZ. 107, 286 und bei Bandmann, Verf. vor den MEA. usw. S. 63 angeführt ist; ferner LG. Oldenburg JW. 1925, 2280[2]; RG. JW. 1928, 2534[19]; RGZ. 126, 99; Ruth JW. 1925, 2800[4B]. — Die preußische Rechtsprechung ist für die Frage, ob die RAGebO. mittelbar anwendbar sei, nur mit Vorsicht in Bayern anzuwenden, weil die PrLGebO. etwas andere Bestimmungen enthält als die BayRpfl.-VO. Insbesondere fehlt dort eine dem Art. 1 Nr. 1 RpflVO. entsprechende Vorschrift, während Art. 2 Nr. 1 PrLGebO. dem Art. 1 Nr. 2 u. 4 RpflVO. entspricht; die PrPachtschutzO. enthält ferner eigene Gebührenvorschriften. Vgl. hiezu Friedlaender-Kraemer,

Für das Anwaltsgebührenrecht muß aber nun jedenfalls festgestellt werden, ob es sich im Verfahren vor dem MEA. um bürgerliche Rechtsstreitigkeiten handelt. Denn wenn dies der Fall ist, so findet Art. 1 Nr. 1 RpflVO. insoweit Anwendung, als die ordentlichen Gerichte mit den Funktionen der MEA. bzw. der Beschwerdestellen befaßt sind. Es liegen dann bürgerl. Rechtsstreitigkeiten vor, die vor die ordentl. Gerichte gehören und deren Verfahren abweichend von der ZPO. geregelt ist. Soweit aber gemeindliche MEA. zuständig oder tätig sind, muß in Bayern die Frage entschieden werden, ob es sich um Angelegenheiten der Rechtspflege oder der Verwaltung bzw. Verwaltungsrechtspflege handelt. Denn in den letzteren Fällen gilt die VerwGebO. u. z. ohne Rücksicht auf die rechtliche Natur des Verfahrens und seiner Gegenstände. Für unsere Zwecke genügt also die Feststellung, daß die gemeindlichen Mieteinigungsämter jedenfalls keine Gerichte (= Justizbehörden) sind, sondern organisatorisch der Verwaltung zugehören (vgl. Art. 4 Anm. 5).

Die Frage, ob es sich um bürgerliche Rechtsstreitigkeiten handelt, ist aber gar nicht für alle Fälle gleichheitlich zu entscheiden. Das wird meist übersehen[15]). Dem MEA. sind nachgerade sehr verschiedenartige Funktionen überwiesen worden, teils reichs- teils landesrechtlich. Ich verweise auf das Mieterschutzgesetz § 16 (Entscheidung über Einwendungen des Mieters gegen den ihm zur Verfügung gestellten Ersatzraum); § 19 (Festsetzung der Vergütung für die Überlassung eines Raumes an Familienmitglieder des verstorbenen Mieters auf Antrag eines Vertragsteils); § 21 (entsprechende Festsetzung bei Beendigung eines Dienst- oder Arbeitsverhältnisses); § 29 (Ersetzung der Erlaubnis des Vermieters zur Untervermietung); § 4 Abs. 2 (Festsetzung der gesetzlichen Miete bei Teilaufhebung). In allen diesen Fällen liegen Entscheidungen, z. T. rechtsgestaltender Art, über bürgerlichrechtliche Streitigkeiten vor. Dasselbe gilt von den Fällen der §§ 1, 2, 10, 13, 13a des Reichsmietengesetzes. In allen diesen Fällen findet daher, wenn ein ordentliches Gericht mit der Sache befaßt ist, nach Art. 1 Nr. 1 RpflVO. die RAGebO. entsprechende Anwendung[16]). Bei Zuständigkeit des gemeindlichen MEA. aber gilt in diesen Fällen die VerwGebO., während im Verfahren vor der Beschwerdestelle auch hier Art. 1 Nr. 1 Anwendung findet[17]).

Ganz anders stellt sich die Tätigkeit des MEA. in gewissen anderen Fällen dar: 15
im Falle des § 4 WMangelGes. macht die Gemeindebehörde einen öffentlichrechtlichen, weil auf der Unterordnung des einzelnen unter die öffentliche Gewalt beruhenden Anspruch geltend; sie allein, nicht der Wohnungsuchende, ist zur Antragstellung und zur Einlegung der Rechtsbeschwerde befugt[18]). Ebenso ist der Anspruch aus § 5 WMG. ein öffent-

---

PrLGebO. Art. 2 Anm. 5; dann KG. JW. 1926, 997[1] (mit Anm. A. Friedlaender); OLG. 42, 61 Anm. 4 (AnwKV. Breslau); LG. Flensburg JW. 1928, 3065[2]; LG. Stendal NaumbKZ. 1925/26, 34 u. a.

[15]) Stein-Jonas[14] Vorb. vor § 1 Anm. IIA erklärt alle Sachen, für die das MEA. zuständig ist, für bürgerlichrechtl. Streitigkeiten; ebenso LG. Nürnberg JW. 1929, 154[14] (das über Art. 26 RpflVO. die RAGebO. anwenden will).

[16]) Das gilt also in diesen Fällen insbesondere auch für das Verfahren vor der Beschwerdestelle. Doch ist dieses Verfahren nicht der zivilprozessualen Berufung mit obligatorischer mündlicher Verhandlung, sondern der Beschwerde analog. Es kommt also § 41 RAGebO., nicht § 52 zur entsprechenden Anwendung.

[17]) Hinsichtlich des Schiedsverfahrens vor dem MEA. vgl. unten Art. 4 Anm. 5.

[18]) KG. JW. 1924, 835, 840; Kiefersauer, Grundstücksmiete[3] 1, 237 (§ 4 WMG. Anm. 3).

lichrechtlicher Anspruch, der den Charakter eines Enteignungsanspruchs hat; auch die vom MEA. festzusetzende Entschädigung bildet einen Bestandteil dieses öffentlichrechtlichen Rechtsverhältnisses. In diesen Fällen kann also von bürgerlichen Rechtsstreitigkeiten keine Rede sein. Legt man das oben Gesagte zugrunde, so ergibt sich folgendes. Soweit sich das Verfahren vor dem städt. MEA. oder einer anderen Verwaltungsbehörde abspielt, gilt auch hier die VerwGebO. Soweit ein Gericht die Sache behandelt, liegt eine Angelegenheit der Rechtspflege vor[19]) und es findet zwar nicht Art. 1, wohl aber Art. 5 ff. RpflVO. Anwendung.

Die im Vorstehenden erörterten Fragen müssen also auch in anderen Fällen der Zuständigkeit der MEA. und Beschwerdestellen nach den hier angedeuteten Gesichtspunkten untersucht und beantwortet werden.

16 Im Verfahren vor den reichsrechtlich zugelassenen Pachteinigungsämtern (PachtschO. 23. Juli 1925 — RGBl. I 152 — §§ 1 ff.) werden Streitigkeiten erledigt, die man nach ihrer rechtlichen Natur als bürgerlichrechtliche Streitigkeiten ansehen muß (vgl. § 1 Abs. 2, 3, 5; §§ 2, 5 PachtschO.)[20]). In Bayern findet das Verfahren vor den ordentlichen Gerichten (Amts- und Landgerichten) statt, über deren Besetzung besondere Vorschriften bestehen (PachtschO. 23. Juli 1925 § 3, BayPachtschO. §§ 7 ff.). Die ZPO. findet als Ganzes keine Anwendung; das Verfahren ist besonders geregelt. — Hiernach gilt in Bayern beim Pachteinigungsamt und bei den Beschwerdestellen die RAGebO. kraft der Vorschrift des Art. 1 Nr. 1 RpflVO.[21]). Das gleiche ist aus denselben Gründen anzunehmen bei der anderweitigen Festsetzung von Geldbezügen aus Altenteilsverträgen[22]) nach der bay. VO. vom 14. Dez. 1923 (GVBl. 390). Auch hier liegt eine bürgerliche Rechtsstreitigkeit, die Zuständigkeit der ordentlichen Gerichte und eine wesentliche Abweichung des Verfahrens von der ZPO. vor, das sich im allgemeinen nach der BayPachtschO. richtet (§§ 10, 18 VO. vom 14. Dez. 1923).

17 Wieder anders gestaltet sich die Rechtslage nach §§ 4, 6 Abs. 2 der Kleingarten- und KleinpachtlandO. vom 31. Juli 1919 (RGBl. 1371). Auch hier handelt es sich um bürgerliche Rechtsstreitigkeiten[23]); die ordentlichen Gerichte sind aber nicht zuständig, sondern entweder die untere Verwaltungsbehörde oder das gemeindliche Einigungsamt. Nach dem oben Gesagten findet also niemals die RAGebO., sondern stets die Verw.-GebO. Anwendung.

17a 8. Besonders zu beachten ist, daß Art. 1 Nr. 1 für bayerische Anwälte nach den Grundsätzen des zwischenstaatlichen Rechts[24]) auch dann zur Anwendung kommen kann, wenn sie etwa bei einem preußischen, sächsischen, badischen ordentlichen Gerichte tätig werden und wenn nach dortigem Recht ein von der ZPO. wesentlich abweichendes Verfahren Platz greift. Dabei kommt es natürlich nicht darauf an, ob etwa nach dortigem Recht die Gebühren der Anwälte besonders geregelt sind. Der bayerische RA. liquidiert also, wenn er bei einem preuß. PachtEA. auftritt, nach Art. 1 Nr. 1 RpflVO.

---

19) Siehe auch Art. 27 Anm. 11 und Fußnote 6.
20) Ebenso: Stein-Jonas[14], vor § 1 Anm. II A.
21) A. M.: M. Friedlaender JW. 1924, 825[1].
22) Vgl. Stein-Jonas[14], vor § 1 Anm. III.
23) Stein-Jonas[14], vor § 1 Anm. II A.
24) Vgl. Friedlaender JW. 1930, 113; oben Allg. Einl. Anm. 28.

B. Artikel 1 Nr. 2. Die RAGebO. soll weiter entsprechende Anwendung finden 18
in den vor besondere Gerichte gehörenden bürgerlichen Rechtsstreitigkeiten, auf welche die ZPO. Anwendung findet.

1. Besondere Gerichte sind alle „Gerichte", die nicht ordentliche Gerichte sind. Es gibt reichsrechtlich bestellte und reichsrechtlich zugelassene besondere Gerichte.

a) Von den ersteren kommen hier vor allem die Arbeitsgerichte erster Instanz 19
in Betracht. Hier findet die ZPO. mit einigen, speziell für das Gebührenrecht nicht bedeutsamen Änderungen Anwendung. Es gilt also nach Art. 1 Nr. 2 die RAGebO. entsprechend. Obwohl die Rechtsanwälte beim Arbeitsgericht nicht auftreten dürfen, sind sie doch häufig beratend und unterstützend tätig. Ergeben sich bei entsprechender Anwendung der RAGebO. infolge des Verbots der unmittelbaren Tätigkeit gegenüber dem Gericht Unbilligkeiten, so kann hier wie in allen Fällen des Art. 1 mit der Angemessenheitsklausel geholfen werden (s. o. Anm. 1; Allg. Einl. Anm. 16ff.). Die Landesarbeitsgerichte und das Reichsarbeitsgericht sind Bestandteile der Landgerichte bzw. des Reichsgerichts. Hier findet also die RAGebO. unmittelbare Anwendung; die Angemessenheitsklausel gilt in diesem Verfahren nicht.

Bei den übrigen reichsrechtlich bestellten Sondergerichten, die für bürgerliche Rechts- 20
streitigkeiten in Betracht kommen, richtet sich entweder das Verfahren nicht nach der ZPO. (so bei den Schiedsgerichten über die Erhöhung von Preisen bei Lieferung elektrischer Kraft[25]) usw. — Bek. vom 16. Juni 1922, RGBl. I 510, bei den Kaliprüfungs- und Kaliberufungsstellen — RGes. vom 24. April 1919, RGBl. 413; VO. vom 27. Januar 1922, RGBl. 790) oder die Anwaltsgebühren sind reichsrechtlich geregelt (so bei den Konsulargerichten[26]), dem RWiGer. und dem Kartellgericht[27])).

b) Von reichsrechtlich zugelassenen Sondergerichten erwähnen die Motive 21
in erster Linie die Rheinschiffahrtsgerichte. Da aber nicht nur das Verfahren bei diesen Gerichten sich nach der ZPO. richtet, sondern auch ihre Geschäfte in Bayern den Amts- und Landgerichten übertragen sind, so findet hier die RAGebO. unmittelbare Anwendung[28]). Die Angemessenheitsklausel gilt daher nicht.

c) Auch hier ist daran zu erinnern, daß der Fall des Art. 1 Nr. 2 auch dann eintreten 22
kann, wenn ein bayerischer RA. bei einem außerbayerischen, deutschen Sondergericht tätig wird (vgl. oben Anm. 17a). Die Frage, ob eine Behörde als Sondergericht oder als Verwaltungsbehörde oder Verwaltungsgericht anzusehen sei, entscheidet sich nach dem Rechte des Landes, dem die Behörde angehört (Allg. Einl. Anm. 28).

2. Die zweite Voraussetzung für die Anwendbarkeit des Art. 1 Nr. 2 ist das Vor- 23
liegen einer bürgerlichen Rechtsstreitigkeit. Hiezu ist auf Anm. 6 oben zu verweisen.

3. Endlich muß die Zivilprozeßordnung auf das Verfahren Anwendung 24
finden. Auch hier kommt das oben Anm. 9 Gesagte in Betracht. Siehe auch Anm. 19.

---

[25]) Für Anwendung der RAGebO. kraft Reichsrechts: Ziekursch-Kauffmann, Kommentar zur VO. über die schiedsg. Erhöhung usw. (2. Aufl.), § 25 Anm. 10.

[26]) Walter-Joachim-Friedlaender[8] § 1 Anm. 57.

[27]) Walter-Joachim-Friedlaender[8] § 91 Anm. 64ff.; 80ff.

[28]) Vgl. AGGVG. (23. Febr. 1879) Art. 9; Walter-Joachim-Friedlaender[8] § 1 Anm. 61. Zu beachten ist, daß das Verfahren vor den Rheinschiffahrtsgerichten gerichtsgebührenfrei ist (Art. 21 Abs. 1 BayKostGes.). Infolgedessen kommt auch hier eine gerichtliche Wertfestsetzung und damit eine Bindung nach § 11 RAGebO. nicht in Frage.

25 **C. Artikel 1 Nr. 3.** Die RAGebO. findet ferner entsprechende Anwendung in den vor die ordentlichen Gerichte gehörigen Strafsachen, auch soweit das Verfahren landesgesetzlich geregelt ist (§ 3 Abs. 2 und 3 EGStPO.).

Daß unter Strafsachen grundsätzlich nicht Disziplinarsachen zu verstehen sind, folgt nicht nur aus dem allgemeinen Sprachgebrauch unserer Gesetze, sondern auch aus Art. 2 RpflVO. Auch Zwangsstrafen gehören nicht hierher[29]).

Den Hauptanwendungsfall des Art. 1 Nr. 3 bilden die sog. Forstrügesachen nach dem bay. Forstgesetz vom 28. März 1852 (mit verschiedenen späteren Änderungen). Vgl. insbes. Art. 117ff. dieses Gesetzes. Art. 1 Abs. 2 RpflVO. stellt übrigens die Frage, ob das Forstrügeverfahren hieher gehört, außer Zweifel.

26 Sachlich ist die eben erwähnte Vorschrift gegenstandslos geworden, seitdem die RAGebO. keine besonderen Gebühren mehr für die Verteidigung vor dem Schöffengericht kennt, vielmehr zwischen dem Verfahren vor dem Reichsgericht, dem Oberlandesgericht (obersten Landesgericht) und Schwurgericht einerseits und dem Verfahren vor allen übrigen Gerichten anderseits unterscheidet (§§ 63, 67 RAGebO.). Die Gebühren im Forstrügeverfahren richten sich daher stets nach dem geringeren Satz dieser Vorschriften (40 RM. für die Hauptverhandlung, 20 RM. für das Vorverfahren usw.).

27 **D. Artikel 1 Nr. 4.** Die RAGebO. soll endlich entsprechend gelten in den vor besondere Gerichte gehörenden Strafsachen, auf welche die StPO. Anwendung findet. Vgl. insbes. § 3 Abs. 1 EGStPO.[30]). Die StPO. findet in diesen Sachen nur dann Anwendung, wenn die für das betr. Sondergericht maßgebenden Gesetze (Reichs- oder Landesgesetze) die StPO. für anwendbar erklären.

Hinsichtlich der Begriffe „Strafsachen", „besondere Gerichte" und „Anwendbarkeit der StPO." vgl. oben Anm. 25, 18, 9.

Als Beispiel von Sondergerichten, auf deren Verfahren die StPO. Anwendung findet, mögen die außerordentlichen Kriegsgerichte genannt werden, die auf Anordnung des Reichspräsidenten gemäß Art. 48 Abs. 2 RVerf. eingesetzt werden können. Vgl. die VO. des RPräs. über die Bildung außerordentlicher Gerichte vom 29. März 1921 (RGBl. 371), insbes. §§ 10ff.[31]).

28 **III. Entsprechende Anwendung der RAGebO. auf Grund des Artikels 26 RpflVO.?**

Es bleibt noch die Frage zu erörtern, ob und inwieweit außer den in Art. 1 (bzw. Art. 2 und 3) RpflVO. behandelten Fällen die RAGebO. als Ganzes analoge Anwendung finden kann auf Grund der Vorschrift des Art. 26, welche lautet:

> Ist für das dem Rechtsanwalt übertragene Geschäft eine Gebühr nicht bestimmt, so erhält er eine unter entsprechender Anwendung der Vorschriften der ReichsgebO. f. RA. und dieser VO. zu bemessende Gebühr.

Es gibt Fälle, in denen zwar an sich die Anwendung des Einzelgebührensystems der Art. 6ff. RpflVO. möglich wäre, in denen aber die Vergütung durch Einzelgebühren offenbar nicht dem Willen des Gesetzes entspricht. Das ist der Fall, wenn ein echtes Prozeßverfahren — vor allem ein echtes Zivilprozeßverfahren — vorliegt, das nicht kraft positiver Vorschrift einer anderen Verfahrensart (z. B. der freiwilligen Gerichtsbarkeit)

---

[29]) Vgl. Löwe-Rosenberg StPO.[18] EGStPO. § 3 Anm. 2b.
[30]) Vgl. Löwe-Rosenberg[18] EGStPO. § 3 Anm. 3c.
[31]) Vgl. hiezu Löwe-Rosenberg[18] GVG. § 16 Anm. 4.

angehört. Hierher zählen insbesondere regelmäßig die Zivil- und Strafprozesse vor ausländischen Gerichten und das Verfahren vor den gemischten Schiedsgerichtshöfen[32]). Für diese Fälle ist an sich das Anwalts-Gebührenrecht nicht reichsrechtlich geregelt; es untersteht daher der LGebO. Dem Rechtsgedanken des Art. 26 entspricht es aber, auf solche Verfahrensarten, die formell und materiell echte Prozesse sind, die RAGebO. entsprechend anzuwenden. Die Angemessenheitsklausel gilt auch hier, da die RAGebO. nicht unmittelbar, sondern nur kraft Landesrechts Anwendung findet.

Artikel 2.

Die Reichsgebührenordnung für Rechtsanwälte findet entsprechende Anwendung auf die Berufstätigkeit des Rechtsanwalts im Dienststrafverfahren vor Justizbehörden.

Das Dienststrafverfahren, in dem eine Hauptverhandlung nicht stattfindet, steht dem Vorverfahren, das Dienststrafverfahren erster Instanz dem Verfahren vor der Strafkammer gleich.

In der Beschwerde-(Rekurs-)Instanz im Dienststrafverfahren, in dem eine Hauptverhandlung in erster Instanz nicht stattfindet, kommen insbesondere die § 63 Nr. 2, § 68 Nr. 2 der Reichsgebührenordnung für Rechtsanwälte zur entsprechenden Anwendung.

Übersicht.

1. Wesen des Dienststrafverfahrens (Anm. 1).
2. Anwendungsfälle (Anm. 2—7).
3. Es kommen nicht die Gebühren für Oberlandesgerichts-, Reichs- und Schwurgerichtssachen zur Anwendung (Anm. 8).
4. Einzelheiten über die Gebühren (Anm. 9—11).
5. Ähnliche Fälle (Anm. 12).

1 1. Das Dienststrafverfahren ist kein Strafverfahren (Art. 1 Anm. 25). Die RAGebO. findet also weder unmittelbar noch nach Art. 1 RpflVO. auf ein solches Verfahren Anwendung. Da es aber seinem ganzen Aufbau nach dem Strafverfahren ähnlich ist, so verfügt Art. 2 die entsprechende Anwendung der RAGebO. auf die Berufstätigkeit der Rechtsanwälte im Dienststrafverfahren vor Justizbehörden.

2 2. Nach dem bay. Beamtengesetz vom 16. August 1908 (GVBl. 581) Art. 106 kommen als Dienststrafen[1]) in Betracht:

1. Ordnungsstrafen,
2. Disziplinarstrafen.

Die Ordnungsstrafen verhängen regelmäßig die vorgesetzten Behörden oder Beamten (Art. 117 BG.). Hier brauchen es also nicht Justizbehörden zu sein, vor denen das Dienststrafverfahren sich abspielt. Ist es der Fall, so findet Art. 2 Anwendung. Es gibt aber auch Fälle, in denen Ordnungsstrafen durch die Disziplinargerichte[1a]) und einen Fall, in dem sie nur auf diesem Wege verhängt werden können (Art. 118 BG.).

---

[32]) Vgl. M. Friedlaender JW. 1923, 158; Friedlaender-Kraemer, PrLGebO. Art. 14 Anm. 3; auch RG. Recht 1930 Nr. 1345 = HöchstrRspr. 1930 Nr. 1211.

[1]) Nicht zu verwechseln mit den „Zwangsstrafen", die im Wege der Dienstaufsicht, nicht des Dienststrafverfahrens verhängt werden (Art. 104 BG.). Auch die Ermahnungen und Warnungen des Art. 103 BG. gehören nicht hieher: Reindl BG. (1914) Art. 103 Anm. 2.

[1a]) Reindl BG. Art. 106.

3 Das Disziplinarstrafverfahren gegen nicht richterliche Beamte[1b]) findet vor den am Sitze jedes Oberlandesgerichts gebildeten Disziplinarkammern, deren Präsident der OLG.-Präsident ist, in zweiter Instanz vor dem Disziplinarhof in München, dessen Chef der Präsident des obersten Landesgerichts ist, statt.

4 Diese Regelung entspricht dem Aufbau des Disziplinarverfahrens gegen richterliche Beamte (Disziplinargesetz für richterliche Beamte in der Fassung der Bek. vom 5. Dez. 1908, GVBl. 1007), wonach beim Obersten LG. ein Disziplinarhof, bei den OLG.en Disziplinarkammern errichtet werden. Das RichterDiszGes. kennt aber den Unterschied zwischen Ordnungs- und Disziplinarstrafen nicht[2]).

5 Das Notariatsgesetz vom 9. Juni 1899 (Fassung des Ges. vom 21. März 1930, GVBl. 65) unterscheidet unter der Überschrift „Dienststrafverfahren" das Ordnungsstrafverfahren, das sich in erster Instanz vor der Zivilkammer des Landgerichts, in der Beschwerdeinstanz vor der Notariatsdisziplinarkammer abspielt (Art. 80—82, 85 NotGes.), und das Disziplinarstrafverfahren, das im wesentlichen nach den Vorschriften des Richterdisziplinargesetzes vor den Disziplinargerichten als „Notariatsdisziplinarkammer" und „Notariatsdisziplinarhof" stattfindet (Art. 83—85 NotGes.).

6 Für Gerichtsvollzieher regeln die §§ 34, 35 GerVollzO. vom 16. Dez. 1899 ein Dienststrafverfahren vor dem Amtsgerichtsvorstand mit Beschwerderecht zum Präsidium des Landgerichts. Es wird die Meinung vertreten, daß diese Vorschriften auch seit Geltung des BG. vom 16. August 1908 in Kraft geblieben seien[3]). Die herrschende und anscheinend auch in der Praxis durchgedrungene Lehre ist anderer Ansicht[3a]). Danach gilt auch für Gerichtsvollzieher das BG.

7 Alle diese (in Anm. 3—6 genannten) Angelegenheiten betreffen Dienststrafverfahren vor Justizbehörden, weshalb Art. 2 auf sie Anwendung findet.

8 3. Die Bestimmungen des Art. 2, welche darauf abzielen, das Dienststrafverfahren dem Verfahren vor der Strafkammer — im Gegensatz zu dem schöffengerichtlichen Verfahren — gleichzustellen, sind gegenstandslos, da die gebührenrechtliche Unterscheidung jetzt nur noch darauf abgestellt ist, ob die Hauptverhandlung vor dem Reichs-, Schwur- oder Oberlandesgerichte einerseits, vor einem sonstigen Gerichte anderseits stattfindet. Obwohl die Disziplinargerichte im Disziplinarstrafverfahren in enger Angliederung an die Oberlandesgerichte eingerichtet sind, wird man doch auch in diesen Fällen schwerlich die höheren Sätze der §§ 63, 67 RAGebO. zubilligen können, sondern nur die zu 40 und 20 RM.

9 4. Im Disziplinarstrafverfahren, in dem eine Hauptverhandlung stattfindet, teilt sich die Tätigkeit in eine solche in der Hauptverhandlung (Hauptverfahren) und im Vorverfahren; das Hauptverfahren beginnt mit der Verweisung zur Hauptverhandlung

---

[1b]) Über das Dienststrafrecht für Beamte, die nicht „unwiderrufliche aktive" Beamte sind, vgl. Art. 164—169 BG.

[2]) Reindl BG. Art. 106. Das Verfahren nach Art. 3ff. RichterDiszGes. ist kein Dienststrafverfahren.

[3]) Vgl. Piloty SeuffBl. 73, 915; Freilinger BayZ. 1908, 410; Merzbacher LGebO.[2] § 2 Anm. 2d.

[3a]) Vgl. Altstötter, Das Gerichtsvollzieherwesen in Bayern[2] S. 17; Reindl BG. S. 510.

(Art. 139 BG.). Wenn auch erst mit diesem Zeitpunkte ein Recht des Beschuldigten anerkannt ist, sich „des Beistandes eines RA. als Verteidiger“ zu bedienen (Art. 142 Abs. 7 BG.; Art. 43 Abs. 7 RDiszGes.), so kann doch der RA. außergerichtlich schon vorher dem Klienten zur Seite stehen und ihn beraten[3b]). Die Gebühr für das Vorverfahren steht ihm dann zu.

Außerdem soll diese Gebühr zur Anwendung gelangen in den Fällen, in denen eine 10
Hauptverhandlung überhaupt nicht in Frage kommt: insbesondere also in den Fällen des Ordnungsstrafverfahrens.

Wenn in diesen Fällen die Beschwerdeinstanz beschritten wird, so sollen „die §§ 63 11
Nr. 2, 68 Nr. 2“ RAGebO. entspr. angewendet werden. § 63 Nr. 2 existiert nicht mehr; er betraf die besonderen Sätze für die Strafkammern. Hier gilt also das oben in Anm. 8 Gesagte, d. h. die Grundlage der Beschwerdegebühren beträgt 40 RM. Da nun für eine Rechtfertigung der Beschwerde in § 68 RAGebO. keine Gebühr vorgesehen ist (sondern nur für die Begründung der Berufung oder Revision), die Beschwerdebegründung aber den wesentlichen Teil der anwaltschaftlichen Tätigkeit in der Beschwerdeinstanz des Dienststrafverfahrens bilden wird, so soll hier der RA. nach § 68 $^5/_{10}$ der in § 63 bestimmten Sätze, d. h. 20 RM., erhalten. Also nicht — wie man nach Art. 2 Abs. 2 Halbs. 1 zunächst glauben könnte — nur $^5/_{10}$ der Gebühr für das Vorverfahren; der Wortlaut des § 68 ist so klar, daß ein Zweifel über den Sinn und die Absicht des Gesetzes nicht obwalten kann[4]).

5. Es gibt außerhalb der Disziplinargesetze zahlreiche Fälle, in denen es sich weder 12
um ein Straf- noch um ein Disziplinarverfahren handelt, in denen aber doch die Ähnlichkeit mit diesen Verfahrensarten eine analoge Anwendung des 4. Abschnitts der RAGebO. nahelegt.

Hinsichtlich des Ordnungsstrafverfahrens nach GVG. gilt die RAGebO. kraft Reichsrechts[5]). In den Fällen des § 8 FGG. mit § 181 GVG. wollen die Motive die Anwendung desselben Gesetzes auf dem Wege über Art. 26 RpflVO. zulassen; das ist aber nicht zutreffend, da trotz der analogen Anwendung der Vorschriften des GVG. das Ordnungsstrafverfahren einschließlich des Beschwerdeverfahrens doch ein Verfahren der freiw. Gerichtsbarkeit bleibt[6]). Es gelten also die Art. 4ff. RpflVO. Entsprechendes gilt bei dem Zeugniszwangsverfahren in Sachen, auf die sonst die RpflVO. Anwendung findet, z. B. in Sachen der freiw. Gerichtsbarkeit (§ 15 FGG.), dann bei den „Ordnungsstrafen“ nach §§ 132ff., 151, 159 FGG., nach §§ 78, 1788, 1837, 1875 BGB., bei den Zwangsstrafen des BayNotGes. (Art. 64) usw.[7]).

Dagegen wird die analoge Anwendung des vierten Abschnitts der RAGebO. etwa stattzufinden haben in den auch von den Motiven genannten Fällen von Ungehorsamkeitsstrafen zur Erzwingung der Verpflichtungen aus einem Ehrenamt; z. B. in den Fällen des Art. 3 Nr. 1 AGStPO.

[3b]) Vgl. Reindl BG. Art. 142 Anm. 5.

[4]) Wegen der Einzelheiten vgl. Walter-Joachim-Friedlaender[8] § 68 Anm. 1ff.; §§ 69—71.

[5]) Walter-Joachim-Friedlaender[8] § 1 Anm. 35a. Anders OLG. Nürnberg BayZ. 1930, 133. Vgl. auch Friedlaender GKG. § 1 Anm. 19; § 38 Anm. 11.

[6]) Vgl. Friedlaender GKG. § 38 Anm. 11. Wegen des Streitwerts vgl. dortselbst Anm. 45, 46.

[7]) Ebenso die Begr. JMBl. 1902, 455. Vgl. auch § 23 Nr. 12 und 13 RAGebO. und Walter-Joachim-Friedlaender[8] § 23 Anm. 40.

Artikel 3.

Der Rechtsanwalt erhält in dem Verfahren vor dem Gerichtshofe für Kompetenzkonflikte (Gesetz vom 18. August 1879, die Entscheidung der Kompetenzkonflikte zwischen den Gerichten und den Verwaltungsbehörden oder dem Verwaltungsgerichtshofe betreffend)

a) für den Geschäftsbetrieb einschließlich der Information,
b) für die Erörterung der Sache in der öffentlichen Sitzung je fünf Zehnteile der Sätze des § 9 der Reichsgebührenordnung für Rechtsanwälte.

Die Gebühr für die Erörterung der Sache in der öffentlichen Sitzung beträgt mindestens zehn Mark.

Ist der Auftrag zur Vertretung erledigt, bevor der Rechtsanwalt eine Denkschrift abgefaßt oder die Sache in der öffentlichen Sitzung erörtert hat, so erhält er nur die Hälfte der im Abs. 1 lit. a bestimmten Gebühr.

Im übrigen finden die für bürgerliche Rechtsstreitigkeiten geltenden Bestimmungen der Reichsgebührenordnung für Rechtsanwälte entsprechende Anwendung.

Übersicht.

1 **I. Das Verfahren vor dem Gerichtshof für Kompetenzkonflikte,** also einem Sondergerichte, das über die Zulässigkeit des Rechtswegs in gewissen Fällen zu entscheiden hat, ist durch das Gesetz vom 18. August 1879 (GVBl. 991) selbständig geregelt. Die ZPO. als Ganzes findet keine Anwendung; nur einige wenige Bestimmungen sind für anwendbar erklärt.

Am Verfahren beteiligt sind die Parteien, die Verwaltungsbehörde, die den Kompetenzkonflikt erhoben hat, und die Staatsanwaltschaft beim obersten Landesgericht.

Die Parteien und die eben erwähnte Verwaltungsbehörde können die Verhandlung durch Denkschriften vorbereiten. Die Denkschriften der Parteien müssen von einem RA., wenn sie namens des Staatsärars eingereicht werden, von einem Fiskal unterzeichnet sein (Art. 16 des Gesetzes).

Die Entscheidung des Gerichtshofs erfolgt auf Grund öffentlicher mündlicher Verhandlung, die durch den Vortrag eines Berichterstatters eingeleitet wird und in der die Parteien, soweit sie durch einen Anwalt — der Staatsärar durch einen Fiskal — vertreten sind, zu Worte kommen. Dann hat der Staatsanwalt zu plädieren, worauf das Urteil beraten und — sofort oder in einem späteren Termin — verkündet wird (Art. 17ff. des Ges.).

Das Verfahren ist gerichtskostenfrei. Eine Erstattung der Parteikosten findet nicht statt. Das Urteil ist unanfechtbar.

2 **II. Die Anwaltskosten in dem Verfahren vor dem Gerichtshof für Kompetenzkonflikte.**

1. Der RA. erhält zwei Pauschgebühren für die Tätigkeit in dem Verfahren, eine der Prozeßgebühr entsprechende Betriebsgebühr in Höhe von $^5/_{10}$ der Sätze des § 9 RA.-GebO. und eine der Verhandlungsgebühr entsprechende Gebühr in gleicher Höhe ($^5/_{10}$) für die Erörterung der Sache in der öffentlichen Sitzung.

Die Ermäßigung der Sätze auf $^5/_{10}$ erklärt sich, wie die Motive bezeugen, daraus, daß es sich in unserem Verfahren „ausschließlich" um die Zulässigkeit des Rechtswegs handelt. Die Bestimmung sollte also dem früheren § 20 RAGebO. mit § 26 GKG. angeglichen werden, der für Akte, die „nur" die Zulässigkeit des Rechtswegs betrafen, bloß die halben Gebühren zubilligte. Nun ist aber § 20 RAGebO. durch das Ges. vom 18. August 1923 in der Erkenntnis gestrichen worden, daß gerade die Fälle, von denen dort angenommen wird, daß sie besonders einfach und mit geringerer Arbeit verknüpft seien, meist rechtlich schwierig und mit großer Arbeit verbunden sind. Das gilt zweifellos für die hier in Frage stehenden Kompetenzkonflikte. Die Motive unserer Vorschrift sind also in diesem Punkte überholt, die Vorschrift ist geltendes Recht, aber für die meisten Fälle antiquiert. Wieder ein Beispiel für die Unentbehrlichkeit der in Bayern geltenden Angemessenheitsklausel!

2. Die Betriebsgebühr entspricht, wie schon erwähnt, der Prozeßgebühr des Reichs- 3
gebührenrechts. Sie umfaßt also wie diese die Information, die Schriftsätze („Denkschriften"), die außergerichtlichen Verhandlungen usw. Auch die Abgrenzung des Gebiets der Betriebsgebühr gegenüber vorprozessualen Handlungen einerseits, der Tätigkeit in anderen, behördlichen Verfahren anderseits, richtet sich nach denselben Grundsätzen wie bei der Prozeßgebühr (Art. 3 Abs. 4)[1]).

Die Betriebsgebühr ermäßigt sich nach der den § 14 RAGebO. ersetzenden Vorschrift des Art. 3 Abs. 3 auf die Hälfte, also auf $^1/_4$ der Sätze des § 9 RAGebO., wenn der Vertretungsauftrag sich erledigt, bevor der RA. eine Denkschrift abgefaßt (nicht: eingereicht[2])) oder die Sache in der Sitzung erörtert hat. Wenn also z. B. der Anwalt erst unmittelbar vor der öff. Sitzung bestellt wurde und es dann nicht zur Verhandlung kam, so erhält er nur die halbe Betriebsgebühr. Hatte er im gleichen Falle noch eine Denkschrift abgefaßt, so bekommt er die volle Betriebsgebühr. Eine Erörterung im Sinne des Abs. 3 liegt nur vor, wenn der RA. zur Sache das Wort ergriffen hat (s. u. Anm. 4).

3. Die Verhandlungsgebühr, die mindestens 10 RM. beträgt, erhält der RA., 4
wenn er irgendwie an der Erörterung der Sache im Verhandlungstermin teilgenommen hat. Dazu genügt es nicht, daß in seiner Anwesenheit die sachliche Erörterung (z. B. der Vortrag des Berichterstatters oder das Plädoyer des Gegners) begonnen hat. Er selbst muß vielmehr zur Sache zum Worte gekommen sein. Das entspricht dem Verhandlungsbegriffe des Gebührenrechts im Zivilprozesse[3]), übrigens auch dem klaren Wortlaut der VO. (vgl. insbes. Art. 3 Abs. 3: „erörtert hat"). Dagegen fällt das Erfordernis der Antragstellung für den Begriff der „Verhandlung" in diesem Verfahren fort.

Unbilligkeiten, die sich durch diese Regelung ergeben können, sind ev. durch die Angemessenheitsklausel auszugleichen.

---

[1]) Vgl. Walter-Joachim-Friedlaender[8] § 1 Anm. 62ff.; § 13 Anm. 11ff.; OLG. Augsburg BayZ. 1929, 81.

[2]) Genügt die Abfassung des Textes der Denkschrift oder muß diese auch unterzeichnet sein? Die Denkschrift bedarf zu ihrer prozessualen Gültigkeit der Unterzeichnung durch den RA. Aber hier, wo die Vorlage der Denkschrift im Prozeß noch gar nicht erfordert ist, muß die Vollendung der Arbeit ausreichen; der prozessualen Form braucht noch nicht genügt zu sein. Umgekehrt genügt die Unterzeichnung der von einem anderen verfaßten Denkschrift; der RA. übernimmt damit für diese die Verantwortung. Letzteres ergibt sich aus dem Rechtsgedanken des nach Art. 3 Abs. 4 anwendbaren § 5 RAGebO.

[3]) Vgl. Walter-Joachim-Friedlaender[8] § 13 Anm. 34.

Eine Ermäßigung für „nicht streitige“ Verhandlung, insbes. für Verhandlung in Abwesenheit des Gegners, gibt es nicht. Trotz des Wortlauts von Art. 3 Abs. 1 lit. b fällt die VerhGebühr auch an, wenn etwa in der Verh. die Öffentlichkeit gemäß Art. 17 des Ges. ausgeschlossen wird; mit „öffentlicher Sitzung“ will das Gesetz die Hauptverhandlung bezeichnen, die regelmäßig öffentlich stattfindet.

5 4. „Im übrigen“, sagt Art. 3 Abs. 4 „finden die für die bürgerlichen Rechtsstreitigkeiten geltenden Bestimmungen der ReichsGebO. f. RA. Anwendung“.

Diese Bestimmung wurde getroffen, obwohl der Verf. der VO. sich bewußt war, daß es (theoretisch) auch Kompetenzkonflikte zwischen Strafgerichten und VerwBehörden oder dem VerwGH. geben könne. Solche Konflikte würden — sagen die Motive — im Hinblick auf GVBl. 1883 Beil. IV S. 29 kaum mehr vorkommen; würden sie aber je erhoben, so seien die Gebühren „nach dem Werte des Gegenstandes der Angelegenheit der Verwaltung oder der VerwRechtspflege zu bemessen . . ., die laut der Erklärung der VerwBehörde (Art. 10 des Ges.) vorliegen soll“. In diesem Falle müßte also — entgegen dem bedauerlichen und unmodernen Grundsatz der VerwGebO. — auch für Verwaltungs- und Verwaltungsrechtssachen ein Gegenstandswert als Grundlage der Anwaltsgebührenberechnung festgestellt werden [4]).

6 Aber auch abgesehen vom Strafverfahren soll sich der KompKonflikt nach den Motiven sowohl auf die streitige als auch auf die nicht streitige Rechtspflege beziehen. Dies ist jedenfalls richtig, soweit mit der nicht streitigen Rechtspflege diejenigen Teile derselben gemeint sind, die das positive Recht der streitigen Rechtspflege zugewiesen hat, wie etwa das Entmündigungsverfahren. Dagegen handelt es sich bei den Behörden der freiw. Gerichtsbarkeit, auch wenn sie ordentliche Gerichte sind, nicht um das, was wir „Rechtsweg“ nennen; unter Zulässigkeit des Rechtswegs im Sinne des § 17 GVG. (der die Grundlage für die Landesgesetze über den KompKonflikt geschaffen hat) versteht man die Zuständigkeit der ordentlichen streitigen Gerichtsbarkeit [5]).

Sollte gleichwohl ein KompKonflikt gegenüber einem Gericht der freiw. Gerichtsbarkeit vorkommen (wobei es ja gebührenrechtlich auf die Zulässigkeit dieses Verfahrens nicht ankommt), so wäre auch hier ein Gegenstandswert zugrunde zu legen. *Dies ist also in allen Fällen notwendig.* Der Wert wird nicht vom Gerichtshof für KompKonfl. förmlich festgesetzt, da ja das Verfahren frei von Gerichtsgebühren (Art. 25 des Ges.) und eine Festsetzung des Streitwerts *nur* für die Berechnung der Anwaltsgebühren unserer Gesetzgebung fremd ist [6]). Auch eine gerichtliche Kostenfestsetzung kommt nicht in Frage, da ein Ersatz der Parteiauslagen nicht stattfindet.

7 Da das Verfahren vor dem KKGerHof selbständig ist und zu keiner anderen „Instanz“ gehört, so kann auch eine Bindung der Anwälte an die Streitwertfestsetzung, die etwa bei einem Gericht im vorausgehenden oder nachfolgenden Prozeßverfahren stattfindet, nicht eintreten. Diese Festsetzung bezieht sich ja gar nicht auf das Verfahren vor dem KKGerHof.

8 *Materiell* aber ist der Streit- oder Gegenstandswert derjenigen Angelegenheit maßgebend, auf die sich der KompKonfl. bezieht, nicht etwa das Interesse einer Partei oder

[4]) Wie es z. B. in Preußen für das ganze VerwStreitverfahren geschieht (Art. 2 Nr. 3; *Friedlaender-Kraemer* Art. 2 Anm. 9 ff.).

[5]) *Baumbach* ZPO.[5] Vorb. zu §§ 13—17 GVG. Anm. 4; Übersicht vor § 12; dann die §§ 12, 17 Abs. 1 GVG.

[6]) *Friedlaender* GKG. § 18 Anm. 4.

Behörde an der Zulässigkeit oder Unzulässigkeit des Rechtswegs. Der KKGerHof entscheidet nur über eine einzelne prozessuale Vorfrage; so wenig wie der Streitwert in der Berufungsinstanz, die nur über eine prozessuale Einrede entscheidet, anders bemessen wird als nach dem Werte des geltend gemachten Anspruchs, so wenig kann dies hier der Fall sein. Bezieht sich also der KompKonfl. auf ein Verfahren, über das ein Zivilprozeß schwebt — das ist der häufigste Fall — so bestimmt sich der Streitwert nach den für diesen Zivilprozeß maßgebenden Normen. Entscheidend für die Wertberechnung ist die Instanz, in welcher der Prozeß schwebt oder schwebte, also zunächst der Beginn dieser Instanz; § 9 Abs. 2 GKG. kann insofern zur analogen Anwendung kommen, als der Wert des gleichbleibenden Streitgegenstandes bei Beendigung des KKVerfahrens höher sein kann als bei Beginn oder Beendigung der gerichtlichen Instanz.

Bei dem sogenannten negativen KompKonfl. (Gerichte einerseits und Verwaltungsbehörden oder der VGH. anderseits haben sich in derselben Sache rechtskräftig für unzuständig erklärt: Art. 22ff. des Gesetzes) wird sinngemäß derjenige Streitwert zugrunde zu legen sein, der sich bei Anwendung der Vorschriften über den Streitwert in bürgerlichen Rechtsstreitigkeiten für den rechtskräftig entschiedenen Zivilprozeß ergibt, auch hier ohne formelle Bindung an die etwaige gerichtliche Festsetzung und auch hier unter analoger Heranziehung des § 9 Abs. 2 GKG. (der auch hier doppelt zur Anwendung gelangen kann, da ja die gerichtliche Instanz schon beendigt war). 9

Daß irgend eine Anrechnung der Gebühren des Art. 3 auf Prozeßgebühren oder sonstige Gebühren eines anderen Verfahrens nicht stattfindet, ist selbstverständlich. Die analoge Anwendung der RAGebO. wird im übrigen kaum Schwierigkeiten verursachen. 10

Artikel 4.

In allen anderen Angelegenheiten, für welche die Vergütung der Berufstätigkeit des Rechtsanwalts landesrechtlich zu regeln ist, sind ausschließlich die folgenden Vorschriften maßgebend.

Diese Vorschriften finden jedoch keine Anwendung auf die Berufstätigkeit des Rechtsanwalts in den Angelegenheiten der Verwaltung und der Verwaltungsrechtspflege, ferner auf die Berufstätigkeit, die ein Rechtsanwalt als Mitglied eines Gläubigerausschusses, als Konkursverwalter, Zwangsverwalter, Nachlaßverwalter, Zustellungsvertreter oder Vertreter eines im Verteilungsverfahren nicht ermittelten Berechtigten, als Vormund, Pfleger, Testamentsvollstrecker oder in einer ähnlichen Stellung ausübt.

Übersicht.

I. Die allgemeine Bedeutung des Art. 4. 1

Nachdem die ersten drei Artikel der VO. für bestimmte Fälle die entsprechende Anwendung der RAGebO. — mit einzelnen Modifikationen — angeordnet haben, sagt Art. 4: In allen anderen Angelegenheiten, für welche die Vergütung der Berufstätigkeit des RA. landesrechtlich zu regeln ist, sind ausschließlich die folgenden Vorschriften maßgebend. Dieser Satz wird sofort wieder eingeschränkt durch Art. 4 Abs. 2, der auch die Angelegenheiten der Verwaltung und Verwaltungsrechtspflege sowie die sog. uneigentlichen Berufsgeschäfte (im gebührenrechtlichen Sinn) von der Regelung durch die RpflVO. ausnimmt.

2 Abgesehen von diesen Ausnahmen, die in gewissem Sinn noch eine Ergänzung durch Art. 26 erfahren (s. o. Art. 1 Anm. 28), regelt die RpflVO. das landesrechtliche Gebührenrecht der Rechtsanwälte ausschließlich. Daß dieser Satz für die in Bayern niedergelassenen Rechtsanwälte auch dann gilt, wenn sie außerhalb Bayerns tätig werden, wurde schon mehrfach betont (vgl. Allg. Einl. Anm. 28, Art. 1 Anm. 17a). Daß er in sachlicher Beziehung keine weiteren als die gesetzlichen Ausnahmen zuläßt, muß betont werden, weil zuweilen in der Praxis gefühlsmäßig hievon abgewichen wird.

3 **II. Die einzelnen Ausnahmen, die Art. 4 vorsieht.**

1. Ausgenommen von Art. 4 sind zunächst die durch Reichsrecht unmittelbar geregelten Angelegenheiten, die hier nicht besonders aufzuzählen sind (vgl. §§ 1, 91 RAGebO., § 288 RAbgO., §§ 1804, 1805 RVersO. mit VO. vom 24. Dez. 1911 usw.)[1]). Selbstverständlich kann aber auch das Land Bayern selbst im Rahmen seiner Zuständigkeit auf dem Gebiete des Gebührenwesens weitere Ausnahmen von Art. 4 begründen und andere Rechtsgebiete landesrechtlich regeln. Das ist z. B. geschehen für das Verfahren vor dem LandesversAmt durch die VO. vom 7. April 1912[2]).

4 2. Ausgenommen sind ferner die in Art. 1—3 geregelten Angelegenheiten. Über Art. 26 vgl. Art. 1 Anm. 28.

5 3. Ausgenommen sind weiter die (durch die VerwGebO. besonders geregelten) Angelegenheiten der Verwaltung und Verwaltungsrechtspflege. Darunter hat man zunächst diejenigen Angelegenheiten zu verstehen, die von einem Organe der Verwaltung oder der Verwaltungsrechtspflege zu entscheiden oder zu behandeln sind[3]), wobei es belanglos ist, ob diesen Organen die Entsch. oder Erledigung endgültig zusteht oder ob der Rechtsweg angerufen werden kann; für diesen gilt dann die RAGebO. Wird eine Verwaltungsbehörde zwar nicht entscheidend, aber in anderer Weise tätig, so liegt insoweit eine Angelegenheit der Verwaltung vor, auch wenn die Tätigkeit zur Vorbereitung oder Abwendung einer Angelegenheit der Rechtspflege dient: das gilt z. B. für das gemeindliche Sühneverfahren zur Vorbereitung von Privatklagesachen[4]), ferner für das Schiedsverfahren vor dem Mieteinigungsamt, das nach § 52a MSchG. durch die oberste Landesbehörde für gewisse Fälle der Räumungsklage eingeführt werden kann und in Bayern eingeführt worden ist (vgl. Bek. vom 21. Juni 1927 und 14. April 1928, GVBl. 226 u. 202). Es gilt auch für das sogenannte Abhilfeverfahren nach Art. 2 BayAGZPO., was Art. 23 VerwGebO. ausdrücklich klarstellt[5]).

6 Handelt es sich um eine außerbehördliche Tätigkeit, die auch noch nicht auf ein anhängiges Verfahren oder auf die Anhängigmachung eines solchen Bezug hat, so ist für

[1]) Vgl. im einzelnen Walter-Joachim-Friedlaender[8] § 91 Anm. 29ff.

[2]) Abgedruckt bei Walter-Joachim-Friedlaender[8] S. 587.

[3]) Vgl. Begr. zur VerwGebO. JMBl. 1902, 501.

[4]) JMBl. 1902, 501.

[5]) OLG. Augsburg BayZ. 1929, 81 führt hier gleichwohl den § 8 RpflVO. an. — Das Gerichtsverfahren nach BayKostGes. und Stempelges. ist Angelegenheit der Justiz; vgl. Art. 27 Anm. 11. Das gleiche muß gelten, wenn es sich um Notariatskosten handelt; vgl. BayNotGes., Fassung des Ges. vom 21. März 1930 Art. 50—52a und VollzVO. vom 22. März 1930, GVBl. 71.

die Frage der Anwendbarkeit der VerwGebO. ausschlaggebend, ob eine Behörde der Verwaltung bzw. Verwaltungsrechtspflege zur Entscheidung zuständig wäre. Eine Steuersache ist z. B. auch dann eine Verwaltungssache, wenn es sich um eine Konsultation handelt, die mit behördlichem Eingreifen noch gar nichts zu tun hat.

Für die Frage, ob eine Angelegenheit Sache der Verwaltung bzw. VerwRechtspflege 7
oder Sache der Rechtspflege sei, ist im Zweifel das Recht desjenigen Landes maßgebend, dessen Behörden mit der Entscheidung oder Behandlung der Sache befaßt sind oder zu befassen wären. Vgl. Allg. Einl. Anm. 28.

4. Ausgenommen sind endlich die Fälle einer Tätigkeit, die nach den Motiven zu 8
Art. 4 „zu den eigentlichen Berufsgeschäften des Rechtsanwalts nicht gehört und deshalb häufig Personen übertragen wird, die nicht Rechtsanwälte sind". Diese Begriffsbestimmung der sog. uneigentlichen Berufstätigkeit (im gebührenrechtlichen Sinn) wurde von der WürttLGebO. (25. Febr. 1907, RegBl. 76) in das Gesetz aufgenommen (Art. 1 Abs. 2). Sie ist in ihrem zweiten Teile wenig glücklich und in ihrem ersten Teile entspricht sie nicht mehr der heutigen Auffassung von der Begrenzung der anwaltschaftlichen Berufstätigkeit. Hierüber vgl. im einzelnen Friedlaender RAO.³ Allg. Einl. Anm. 16ff., insbes. 21.

Für die Auslegung der gebührenrechtlichen Vorschrift des Art. 4 Abs. 2 müssen wir 9
uns damit abfinden, daß diese Rechtsnorm Tätigkeiten, die wir heute als eigentliche Berufstätigkeit der RA. ansehen, zu den uneigentlichen zählt. Auf sie findet daher die RpflVO. keine Anwendung. Oder anders ausgedrückt: nur die Tätigkeit des RA. als Berater, Vertreter oder Beistand in Rechtssachen[6]) ist eigentliche Berufstätigkeit des RA. im gebührenrechtlichen Sinne und wird daher nach der RpflVO. honoriert. Was zur uneigentlichen Berufstätigkeit in diesem Sinne gehört, zählt Art. 4 Abs. 2 nur beispielsweise, nicht erschöpfend auf. Er nennt ausdrücklich folgende amtsähnliche Stellungen:

Mitglied eines Gläubigerausschusses, Konkursverwalter, Zwangs- und Nachlaßverwalter, Zustellungsvertreter (vgl. § 7 Abs. 2 ZVG., § 1141 Abs. 2 BGB.), Vertreter eines im Verteilungsverfahren nicht ermittelten Berechtigten (§ 135 ZVG.), Vormund, Pfleger, Testamentsvollstrecker.

Dann folgen die Worte „oder in einer ähnlichen Stellung". Als ähnliche Stellungen kommen zweifellos in Betracht: die Stellung einer Vertrauensperson im Vergleichsverfahren, eines Mitglieds des Gläubigerausschusses in demselben Verfahren, als Liquidator oder Aufsichtsratsmitglied.

Schon an letzteren Beispielen sehen wir, daß die Stellung nicht durch behördliche 10
Verfügung begründet zu sein braucht. So zählt denn auch die WürttLGebO., die ja denselben Standpunkt, den Bayern nur in den Motiven kundgab, im Gesetz zum Ausdruck brachte, ausdrücklich die im privaten Auftrag erfolgende Vermögensverwaltung zu den uneigentlichen Berufstätigkeiten. Das muß auch in Bayern gelten. Ebenso fällt die Tätigkeit eines von der Partei bestellten Treuhänders unter Art. 4 Abs. 2.

Nun können allerdings aus diesen Ämtern und Stellungen, die unter Art. 4 Abs. 2 11
fallen, wieder Tätigkeiten herauswachsen, die sich als eigentliche Anwaltstätigkeit auch im gebührenrechtlichen Sinne darstellen. Der Konkursverwalter, der Vormund, der Pfleger führt einen Prozeß; er erhält hiefür neben seinem Honorar auch die Prozeßgebühren. Weniger einfach sind die entsprechenden Fragen, wenn es sich um Tätigkeiten handelt,

---

[6]) Sog. innerer Kreis der anwaltschaftlichen Berufstätigkeit: Friedlaender RAO.³ Allg. Einl. Anm. 16.

die an sich unter die RpflVO. fallen würden: Rechtsberatung außerhalb des Prozesses, Vertragsbeurkundung usw. Diese Fragen können nur aus dem Charakter der betr. Stellung heraus gelöst werden. Für den Vormund und Pfleger gibt § 1835 BGB. eine Richtschnur, deren Rechtsgedanke auf den Konkursverwalter, Nachlaßverwalter usw. entsprechend angewendet werden darf. Vgl. hiezu des Näheren Friedlaender RAO.[3] Allg. Einl. Anm. 20.

Artikel 5.

Volle Gebühr im Sinne der folgenden Vorschriften ist die im § 9 der Reichsgebührenordnung für Rechtsanwälte bestimmte Gebühr.

1 Die geltende Fassung des Art. 5 entstammt der VO. vom 28. März 1919 und trat am 1. Mai 1919 in Kraft.

Sie legt der ganzen RpflVO. die Staffel des § 9 RAGebO. zugrunde, u. z. in ihrer jeweiligen Fassung. Wegen des Übergangsrechts bei reichsrechtlicher Änderung dieser Staffel vgl. Allg. Einl. Anm. 23ff.

2 Wegen der Erläuterung des § 9 RAGebO. wird auf die Kommentare und Tabellen zu diesem Gesetz verwiesen.

Artikel 6.

Der Rechtsanwalt erhält für die Tätigkeit, die er zu seiner Information entwickelt, einschließlich der zu diesem Zwecke vorgenommenen Besprechungen und der Einsicht von Akten zwei Zehnteile der vollen Gebühr, jedoch mindestens zwei Mark. Ist die Tätigkeit des Rechtsanwalts besonders weitläufig oder schwierig, so kann die Gebühr bis auf fünf Zehnteile der vollen Gebühr erhöht werden (Informationsgebühr).

Die Gebühr kann in einer Instanz nur einmal beansprucht werden.

Vertritt der Rechtsanwalt den Auftraggeber in mehreren Instanzen, so erhält er die Gebühr in der höheren Instanz nur dann, wenn er in dieser zu seiner Information eine weitere Tätigkeit entwickelt hat.

Die Gebühr beträgt nur ein Zehntel der vollen Gebühr, wenn die Tätigkeit des Rechtsanwalts die Zwangsvollstreckung betrifft.

Die Gebühr kann nicht gefordert werden, wenn die Tätigkeit des Rechtsanwalts der Einleitung eines Prozesses vorausgeht und dem Rechtsanwalt die Prozeßgebühr oder eine Gebühr nach § 44 der Reichsgebührenordnung für Rechtsanwälte zusteht, ferner wenn die Tätigkeit des Rechtsanwalts Mahnungen, Kündigungen oder Schreiben ähnlicher Art betrifft, die der Einleitung einer Zwangsvollstreckung vorausgehen, und dem Rechtsanwalt eine Gebühr für den Antrag auf Einleitung der Zwangsvollstreckung zusteht.

Übersicht.

tung u. ä.). Die Abgrenzung zwischen Reichs- und Landesrecht. (Anm. 17—33).

1. Reichs- und Landesrecht (Mahnbriefe, Kündigungsschreiben, Vergleichsverhandlungen u. ä.) (Anm. 17—24).

2. Die besonderen Vorschriften des Art. 6 Abs. 5 Halbsatz 1 (Anm. 25—30).

3. Art. 6 Abs. 5 Halbs. 2 (Anm. 31—32).

4. Angemessenheitsklausel? (Anm. 33).

I. Allgemeines über die Informationsgebühr. 1

Die Informationsgebühr (= InfGeb.) hat, wie schon oben (Allg. Einl. Anm. 13) ausgeführt wurde, den Charakter einer Pauschgebühr. Sie umfaßt einen ganzen Kreis von Tätigkeiten, die nur durch das einheitliche Ziel (Informationserholung) zusammengehalten werden, und sie fällt grundsätzlich in jeder Instanz bezüglich desselben Gegenstandes nur, d. h. höchstens einmal an (Art. 6 Abs. 2 u. 3)[1]).

Die InfGeb. ist aber doch keine allgemeine Betriebsgebühr, weil eben nicht schon die Tätigkeit in einer gewissen Sache, sondern erst die auf Informationseinziehung gerichtete Tätigkeit die Gebühr begründet. Aber da der Begriff der Information ein sehr weiter ist und auch die rechtliche Information mitumfaßt, so nähert sich wenigstens für die erste Instanz die InfGeb. vielfach stark der Betriebs- oder Prozeßgebühr.

II. Die Voraussetzungen der Informationsgebühr im einzelnen. 2

1. Die Gebühr wird, wie ihr Name anzeigt, erhoben für die Tätigkeit, die der RA. zu seiner Information entwickelt.

Information ist die Sammlung oder Entgegennahme des auf die Angelegenheit bezüglichen tatsächlichen und rechtlichen Materials. Die Beschränkung des Begriffs auf die tatsächliche Information, von der anscheinend die Motive ausgehen (sie sprechen nur von Verschaffung der „Kenntnis des Sachverhalts"), ist nicht gerechtfertigt; die „Schwierigkeit", von der Art. 6 Abs. 1 S. 2 spricht, deutet doch gerade auf die rechtliche Seite der Information hin. Die Praxis ist denn auch über diese Unterscheidung hinweggegangen[2]).

Was der Anwalt bereits weiß, ist nicht Bestandteil der Information. Was er ein- 3
mal gewußt, aber nicht mehr im Gedächtnis hat, kann Gegenstand der Inf. sein. Auch was dem Anwalt ungebeten von der Partei zugetragen wird, fällt unter den Begriff der Information. Ob es zur Sache dienlich ist, kann er ja oft erst beurteilen, wenn er den langen Brief gelesen, die weitschweifige Rede des Klienten angehört hat. Für den Umfang der Inf. kann dies besonders von Bedeutung sein (Art. 6 Abs. 1 Satz 2). Soweit dagegen der RA. selbst die Inf. einzieht oder ergänzt, kommt für die gebührenrechtliche Relevanz und den Umfang einer Information auch die Frage der Sorgfalt und Erfüllung der Anwaltspflichten in Betracht: wer sich mit Feuereifer auf Akten stürzt, die von vornherein keine Ausbeute für den Fall versprechen oder wer eine ganz abwegige Literatur studiert, kann sich nicht auf diese Information zur Begründung seines Gebührenanspruchs berufen. Wer Gesetzesvorschriften, die jeder Anwalt kennen soll, erst studieren muß, kann hiefür keine InfGeb. berechnen.

2. Unter den Tätigkeiten, die der RA. zu seiner Information entwickelt, hebt Art. 6 4
die „zu diesem Zwecke vorgenommenen Besprechungen" und die „Einsicht von

---

[1]) Merkwürdigerweise hält die Begr. (JMBl. 1902, 458) auch die InfGeb. für eine „Einzelgebühr".

[2]) BayObLGZ. 25 (1926) 279 bezeichnet die Information als „Unterrichtung über ie Sach- und Rechtslage".

Akten" besonders hervor. Daß dies nur Beispiele sind, unterliegt keinem Zweifel. Daneben kommen briefliche Mitteilungen und Rückfragen, Studium von Gesetzen und Literatur, technische Informationen und vieles andere in Betracht.

Immer aber muß der Zweck der Tätigkeit, sei sie aktiv oder rezeptiv, die Aufnahme von Information sein: das gilt insbesondere auch von den in Art. 6 eigens erwähnten Besprechungen. Finden solche nach Aufnahme der Information nicht zu deren Ergänzung, sondern zu anderen Zwecken, z. B. zur Ratserteilung oder (mit dem Gegner) zur Herbeiführung eines Vergleiches statt, so können sie weder zur Begründung noch zur Erhöhung der InfGeb. (Art. 6 Abs. 1 Satz 2) herangezogen werden[3]).

5 3. Auf den Umfang der Information kommt es für die Frage, ob überhaupt eine InfGeb. anfällt, nicht an. Da es nun selten vorkommen wird, daß in einer Angelegenheit überhaupt keine, wenn auch noch so geringe Information zu erteilen ist, so wird (in erster Instanz) regelmäßig eine InfGeb. zum Ansatz gelangen. Auch der einfachste Mahnbrief, dessen Unterlage nur eine Rechnung oder eine kurze Mitteilung der Partei bildet, setzt irgendeine Information voraus, die eben in der Mitteilung über die Existenz und die Höhe der Forderung besteht[4]). Wenn der Anwalt die Freigabe einer Sicherheit zu erwirken hat, der der Gegner zustimmt, so wird irgendeine gerade auf diese Tätigkeit gerichtete Information stets erforderlich sein, weshalb hier regelmäßig nicht nur die Gebühr aus Art. 8, sondern auch die aus Art. 6 dem RA. zusteht[4a]).

6 4. Eine Informationsgebühr kann in jeder Instanz nur einmal beansprucht werden; dabei ist natürlich Identität der „Angelegenheit" und Identität des „Gegenstandes" vorausgesetzt. Gibt die Partei Auftrag einen Mahnbrief wegen 500 RM. (Teilbetrag einer Forderung zu 1200 RM.) zu schreiben und erhöht sie am gleichen Tage den Auftrag um die weiteren 700 RM., so kann es nicht zweifelhaft sein, daß für diesen Betrag eine neue Informationsgebühr anfällt. Ob dann eine Zusammenrechnung und nötigenfalls eine Reduktion nach § 14 Abs. 2 GKG. einzutreten hat, das hängt von der Beantwortung der weiteren Frage ab, ob Identität der „Angelegenheiten" vorliegt. Dazu vgl. Art. 14 Anm. 3—5.

7 Der Begriff der Instanz ist hier zunächst im Sinne des prozessualen Rechtszuges zu verstehen. Insoweit werden sich Schwierigkeiten in diesem Zusammenhange kaum ergeben; denn ob eine Tätigkeit zum ersten, zweiten oder dritten Rechtszuge gehört, wird bei aller Verschiedenheit der hier in Betracht kommenden Verfahrensarten schwerlich zweifelhaft sein.

8 Im übrigen erklärt aber Art. 27 Abs. 1 die Vorschriften der §§ 26, 29 Abs. 2, 30, 31 Abs. 1, 32—36 RAGebO. für entsprechend anwendbar. Der besondere gebührenrechtliche Instanzbegriff der RAGebO. sollte damit auch für die Fälle der Art. 4ff. RpflVO. gelten. Es ist zu beachten, daß die hier angezogenen Vorschriften der RAGebO. inzwischen z. T. geändert worden sind; sie gelten jetzt auch für das Landesrecht in ihrer veränderten Fassung.

---

[3]) BayObLGZ. 25 (1926), 279.

[4]) In dem vom BayObLGZ. 28 (1928) 343ff. entschiedenen Falle bestand die Information nur darin, daß der RA. vor Erteilung jedes neuen Vollstreckungsauftrags (aus einem vormundschaftsgerichtlichen Beschluß über Regelung des Verkehrs mit einem Kinde) den Auftrag seiner Partei darüber entgegennahm, ob im kommenden Monat der Vollzug wieder eingeleitet werden sollte. Das ObLG. sprach für jeden Vollstreckungsauftrag die InfGeb. zu.

[4a]) Vgl. hiezu Walter-Joachim-Friedlaender[8] § 13 Anm. 19.

Die wichtigsten Bestimmungen für den Instanzbegriff der RpflVO. sind die des § 30 RAGebO., wonach das Kostenfestsetzungsverfahren (einschl. des Erinnerungs- und Abänderungsverfahrens) eine eigene Instanz bildet[5]) und die der §§ 31 Abs. 1, 32 bis 36 RAGebO. über die verschiedenen Zwangsvollstreckungsinstanzen, vor allem die ersterwähnte Vorschrift (§ 31 Abs. 1), wonach jede Vollstreckungsmaßregel zusammen mit den durch sie vorbereiteten weiteren Vollstreckungshandlungen bis zu der durch die Maßregel zu erlangenden Befriedigung des Gläubigers eine besondere Instanz bildet[6]).

Bezüglich der Sicherung des Beweises sind die §§ 30 Abs. 1 Nr. 1 einerseits, 29 Nr. 3 RAGebO. anderseits zu beachten, hinsichtlich der Wertfestsetzung die negative Vorschrift des § 29 Abs. 2 Nr. 1 RAGebO. usw. Auch § 29 Nr. 6 enthält für das Landesrecht wichtige Hinweise.

Der weiter von der RpflVO. angeführte § 26 RAGebO. verwies z. Z. des Inkraft- 9
tretens der LGebO. „für die Bestimmung des Umfangs einer Instanz" auf die §§ 30 und 31 GKG. § 30 GKG. betraf die Verweisung von einem Gericht an ein anderes und entsprach dem heutigen § 27 Abs. 1 GKG.; der Fall ist für das Landesrecht von geringerer Bedeutung. § 31 GKG. aber entsprach dem heutigen § 27 Abs. 2 und betraf die Rückverweisung an ein Gericht der unteren Instanz; das weitere Verfahren vor diesem Gerichte sollte mit dem früheren Verfahren vor demselben Gericht eine Instanz bilden. Das galt also bis zur Novelle vom 1. Juni 1909 auch für die Anwaltskosten. Dann aber regelte § 27 RAGebO. den Fall der Rückverweisung gesondert und abweichend vom GKG.; im § 26 RAGebO. kam daher der Hinweis auf § 31 GKG. in Wegfall. Der heute geltende § 26 RAGebO., dessen Text durch die Neuredaktion vom 5. Juli 1927 geschaffen wurde, verweist nur noch auf § 27 Abs. 1 GKG. Insoweit ist es zweifellos, daß der Grundsatz dieser Vorschrift auch für das Gebiet der RpflVO. gilt. Dagegen ist es fraglich, ob auch § 27 RAGebO. anwendbar ist; dies ist praktisch wichtig, weil Rückverweisungen gerade in der freiw. Gerichtsbarkeit, besonders im Aufwertungsverfahren, häufig vorkommen. Die Frage ist m. E. zu bejahen. Wir haben gesehen, daß der frühere § 26 RAGebO. später in zwei Teile zerlegt worden ist, in den jetzigen § 26 und den jetzigen § 27 RAGebO. (§ 27 RAGebO. enthielt früher etwas ganz anderes und wurde deshalb auch in Art. 27 RpflVO. nicht angeführt). Die BayVO. wollte ausgesprochenermaßen[7]) den Instanzbegriff der RAGebO. übernehmen und beide Gebührenordnungen in dieser Hinsicht in „Übereinstimmung" bringen. Wurde § 26 RAGebO. geändert, so änderte sich auch automatisch die LGebO., genau so wie dies bei der Staffel des § 9 RAGebO. zutraf, auch wenn im einzelnen Falle eine dem Art. III des RGes. vom 28. Januar 1927 (s. o. Allg. Einl. Anm. 23) entsprechende Norm fehlte. Da nun § 27 RAGebO. — wenn auch mit verändertem Inhalt — an die Stelle eines Teils des früheren § 26 getreten ist, so gilt auch § 27 für das Gebiet der RpflVO.[8]).

Übrigens enthält Art. VI des Gesetzes vom 1. Juni 1909 die bekannte Vorschrift,

---

[5]) BayObLGZ. 28 (1928), 343ff.

[6]) BayObLGZ. 28 (1928), 343ff.

[7]) Vgl. die Motive zu Art. 27, JMBl. 1902, 484.

[8]) Daß § 27 RAGebO. sich nicht auf alle Fälle einer Rückverweisung bezieht, kann die entsprechende Anwendung auf ähnliche Fälle auch des Beschwerdeverfahrens nicht ausschließen, wenn einmal diese entsprechende Anwendung gesetzlich angeordnet wurde.

wie sie auch in Art. III des Ges. vom 28. Januar 1927 wiederkehrt, und endlich ist § 27 Abs. 1 RAGebO. durch eben dieses Gesetz neu formuliert worden. Damit dürfte der letzte Zweifel über die Anwendbarkeit des § 27 beseitigt sein.

10 Findet § 27 RAGebO. Anwendung, so fragt es sich, ob die dort (in Abs. 1 Satz 1) enthaltenen Worte „mit Ausnahme der Prozeßgebühr" für das Landesrecht eine Bedeutung haben. Eine Prozeßgebühr kennt die RpflVO. nicht. Die InfGeb. ist ihr nicht völlig gleichzustellen, denn sie setzt immerhin voraus, daß eine, wenn auch geringe neue Informationstätigkeit vorliegt (s. u. Anm. 11). Da ihr Mindestbetrag auch nur $^1/_5$ der Prozeßgebühr beträgt, so ist die Nichtanwendung der — übrigens vielfach sehr ungerecht wirkenden — Ausnahmevorschrift auch vom Standpunkt der Billigkeit aus geboten.

11 5. Da die InfGeb. stets eine „auf Information gerichtete Tätigkeit" voraussetzt, so versteht es sich von selbst, daß in einer neuen Instanz — mag es sich um mehrere Instanzen im Sinne der prozessualen Rechtszüge oder um mehrere gebührenrechtliche Instanzen handeln — nur dann eine neue InfGeb. entsteht, wenn der betr. Anwalt eine neue Tätigkeit zu seiner Information entwickelt. Für die Anforderungen, die an diese Tätigkeit zu stellen sind, gilt allerdings auch hier das oben (Anm. 3) Gesagte, nur daß eben das Wissen, das der Anwalt schon auf Grund seiner früheren Tätigkeit erlangt hat und bei Beginn der neuen Instanz besitzt, für den Begriff der Informationseinziehung nicht in Betracht kommt.

Wenn daher Art. 6 Abs. 3 das Gesagte für den Fall der Beschreitung einer höheren Instanz noch besonders hervorhebt, so bringt er damit nur etwas Selbstverständliches zum Ausdruck. Dessen war sich auch der Verfasser der VO. bewußt[9]). Man kann für die Praxis beifügen, daß meist auch in der höheren Instanz, oft sogar in der Rechtsbeschwerdeinstanz, eine neue InfGeb. zur Erhebung gelangen wird.

12 **III. Die Höhe der Informationsgebühr.**

1. Die InfGeb. beträgt $^2/_{10}$ der vollen Gebühr, jedoch mindestens zwei Reichsmark. Ist die Tätigkeit des RA. besonders weitläufig oder schwierig, so kann die Gebühr bis auf fünf Zehnteile der vollen Gebühr erhöht werden. Eine weitere Erhöhung bis zur Grenze der Angemessenheit kann nach der AngKlausel (Art. 4 der VO. vom 29. Dez. 1923) erfolgen.

13 Bei der Frage einer Erhöhung des Mindestbetrages bis auf $^5/_{10}$ kann nur die besondere Weitläufigkeit und Schwierigkeit der auf die Information gerichteten Tätigkeit berücksichtigt werden, nicht sonstige Schwierigkeiten oder Umständlichkeiten[10]). Wohl aber kommen diese Momente in Betracht, wenn sie auch nur die rechtliche Seite der Information betreffen. Einzelheiten sind schon oben in Anm. 2—4 besprochen worden.

14 Die Angemessenheitsklausel dagegen ermöglicht die Berücksichtigung aller Umstände des Falles. Sie knüpft auch nicht an die einzelne Gebühr und deren besondere Zweckbestimmung, sondern an die Gesamtvergütung an.

15 Die Frage, ob im einzelnen Falle eine besondere Schwierigkeit oder Weitläufigkeit der Information vorliegt, ist Tatfrage und daher in der Revisions- oder Rechtsbeschwerdeinstanz nicht zu würdigen[11]). Dagegen kann z. B. ein Verstoß gegen den oben in Anm. 13

[9]) Begr. zu Art. 6, JMBl. 1902, 459.
[10]) ObLGZ. 25 (1926), 279.
[11]) So: ObLGZ. 11, 76; 14, 30; 15, 645. Auch die Feststellung, daß in der höheren Instanz keine neue Information entfaltet wurde, ist Tatfrage (ObLGZ. 15, 645); man muß beifügen: wenn nicht hiebei der Begriff der Information verkannt wurde.

angedeuteten Grundsatz auch durch Rechtsbeschwerde und Revision gerügt werden. Über die entsprechenden Fragen bei der Angemessenheitsklausel vgl. Allg. Einl. Anm. 21a.

Die Erhöhung der $^2/_{10}$-Gebühr kann bis auf $^5/_{10}$ erfolgen; innerhalb dieser Grenzen kann jeder Betrag, der für die Information nach den entwickelten Grundsätzen für angemessen erachtet wird, angesetzt werden: es brauchen nicht unbedingt Zehnteile zu sein, wenn man sich auch meist aus praktischen Gründen an dieses Bruchteilsystem halten wird. 15a

2. Die Informationsgebühr beträgt nur $^1/_{10}$ der vollen Gebühr, wenn die Tätigkeit des RA. die Zwangsvollstreckung betrifft. Der Mindestbetrag von 2 RM. ist für diesen Fall nicht festgesetzt, die Gebühr braucht also nicht mehr als 1 RM. zu betragen (Art. 27 Abs. 1 RpflVO. mit § 8 RAGebO.). 16

Der Begriff der Zwangsvollstreckung ist hier im weiteren Sinne zu fassen; gemeint ist der amtliche Vollzug irgendwelcher behördlicher Verfügungen oder amtlicher Urkunden. Die Begründung nennt als Beispiele die Eintragung einer Sicherungshypothek nach §§ 866, 932 ZPO. Ebenso werden hierher zu zählen sein: der Vollzug vormundschaftsgerichtlicher Verfügungen[12]), die Löschung einer auf Grund einstw. Verfügung eingetragenen Vormerkung im Grundbuch, wenn es sich um den Vollzug des die Verfügung aufhebenden Urteils handelt[13]); die Eintragung von Vormerkungen auf Grund einstw. Verfügung; Bewirkung einer Eintragung oder Löschung im Grundbuche nach den §§ 894, 895 ZPO.; auch die Herbeiführung der Tabellenberichtigung im Konkurse durch Überreichung des Feststellungsurteils, die Herbeiführung der Löschung eines Gebrauchmusters auf Grund Urteils und ähnliche Fälle wird man nach der Tendenz des Art. 6 Abs. 4 als Zwangsvollstreckungsakte im weiteren Sinne gelten lassen müssen.

Hinsichtlich der Angemessenheitsklausel vgl. Anm. 14.

IV. Der Wegfall der Informationsgebühr in besonderen Fällen (Prozeßvorbereitung u. ä.). Die Abgrenzung zwischen Reichs- und Landesrecht. 17

1. Um den Art. 6 Abs. 5 RpflVO. und die folgenden Ausführungen richtig zu verstehen, muß man sich das Verhältnis zwischen Landes- und Reichsgebührenrecht namentlich in den Fällen der sogenannten vorprozessualen Tätigkeit klar machen oder in Erinnerung bringen. Ich verweise im einzelnen auf Walter-Joachim-Friedlaender[8] §1 Anm. 62ff. und stelle hier nur kurz folgendes fest:

a) Ist die Absicht des Auftraggebers bei Inanspruchnahme des RA. auf Beginn oder Fortsetzung eines unter § 1 RAGebO. fallenden gerichtlichen Verfahrens gerichtet, so fällt auch die nur vorbereitende Tätigkeit des RA. unter die RAGebO., d. h. unter die Prozeßgebühr. 18

Das gilt insbesondere für solche Akte, welche darauf gerichtet sind, die materiellrechtliche Grundlage für das Verfahren zu schaffen, Kündigungen und Mahnungen, welche Fälligkeit oder Verzug begründen sollen usw. 19

b) Eine Tätigkeit dagegen, welche dazu bestimmt ist, das gerichtliche Verfahren zu vermeiden, fällt nicht unter die RAGebO., sondern unter das Landesrecht. So regelmäßig die Mahnbriefe. Allerdings ist hiemit häufig ein bedingter Klageauftrag verbunden, so daß, wenn die Frist fruchtlos verstreicht, dieser Auftrag in Kraft tritt. Daneben bliebe an sich — vorbehaltlich anderweitiger landesrechtlicher Regelung — die für die 20

[12]) BayObLGZ. 28, 343 (1928).

[13]) Hiezu und zum folgenden: Walter-Joachim-Friedlaender[8] § 23 Anm. 53.

Mahnung angefallene landesrechtliche Gebühr bestehen[14]). § 92 RAGebO. greift nicht Platz, weil keine Identität der Tätigkeiten vorliegt.

21 c) Geht der Auftrag **lediglich** auf Herbeiführung eines Vergleichs in einer noch nicht bei Gericht (nach den Reichsjustizgesetzen) anhängigen Sache, so gilt ausschließlich Landesrecht.

22 d) Ebenso liegt der Fall, wenn mit einem solchen Auftrag für den Fall des Scheiterns der Prozeßauftrag verbunden war und es zum Abschluß des Vergleichs kommt.

23 Scheitert dagegen der Vergleich, so ist die bis dahin entfaltete Tätigkeit nach Landesrecht, die weitere (auf den Prozeß gerichtete) Tätigkeit nach Reichsrecht zu vergüten (entsprechend wie oben im Falle b).

24 Wenn endlich nach Erteilung eines unbedingten Klageauftrages Vergleichsverhandlungen geführt werden, so findet nur die RAGebO. Anwendung, auch wenn die Verhandlungen scheitern; der Fall kann hinsichtlich der fruchtlosen Vergleichsbemühungen nicht anders behandelt werden, als wenn diese **nach** Beginn des Rechtsstreits stattfinden[15]).

25 2. Soweit nach dem Gesagten nur Reichsgebühren zum Ansatz gelangen, hat es dabei sein Bewenden. Das gilt insbesondere auch von derjenigen Tätigkeit, die **nur** darauf abzielt, ein gerichtliches Verfahren vorzubereiten (Herbeiführung der Fälligkeit durch Kündigung **zwecks Klagestellung** usw., oben Anm. 19). Ich erwähne dies, weil die Motive diesen Fall irrtümlich als nicht unter § 1 RAGebO. fallend betrachten[16]).

26 Soweit aber an sich eine landesrechtliche Informationsgebühr für die oben unter 1 gekennzeichnete Vorbereitungstätigkeit entsteht, kommt dieselbe nach Art. 6 Abs. 5 nachträglich in Wegfall, wenn es zum Prozesse kommt und demselben Anwalt entweder die Prozeßgebühr oder die Verkehrsgebühr (§ 44 RAGebO.) zusteht. Hiezu ist noch folgendes zu sagen:

27 a) Art. 6 Abs. 5 betrifft **nur** die InfGeb. Eine entsprechende Vorschrift enthält Art. 9 Abs. 2 für die Briefgebühr. Dagegen bleibt z. B. die Schriftsatzgebühr des Art. 8 auch bei nachfolgendem Prozeß unberührt, ebenso eine etwaige Terminsgebühr (z. B. für Wahrnehmung eines Termins beim Vormundschaftsgericht).

28 b) Die VO. spricht davon, daß die Tätigkeit des RA. „der Einleitung eines Prozesses vorausgeht“. Vorausgesetzt ist offenbar nach dem ganzen Zusammenhang, daß die vorprozessuale Tätigkeit den Zweck hat, einen Rechtsstreit zu vermeiden und daß dann über denselben Gegenstand doch ein Prozeß entsteht. Es muß also Identität der Sache vorliegen; ob solche gegeben ist, bemißt sich nach den Grundsätzen der Rechtskraft: würde die rechtskräftige Entscheidung des Prozesses auch den Gegenstand der außergerichtlichen Verhandlungen erledigen, so liegt Identität der Sachen vor. Die Parteirolle braucht nicht die gleiche zu sein. Der Anwalt des Gläubigers, der eine Forderung zur Vermeidung eines Prozesses außergerichtlich geltend macht, verliert die InfGeb. auch dann, wenn der Gegner negative Feststellungsklage erhebt und er den Gläubiger nun als Beklagten vertritt.

29 Sehr häufig kommt es vor, daß der nachfolgende Prozeß nur **einen Teil** des Anspruchs betrifft, der den Gegenstand der Prozeßverhütungstätigkeit bildete. Dann bezieht

[14]) Vgl. im einzelnen **Walter-Joachim-Friedlaender** § 1 Anm. 64, 65.

[15]) **Walter-Joachim-Friedlaender** § 1 Anm. 68. Auch in diesem Falle hat LG. Karlsruhe (7. Febr. 1928 AZ. 1 ZH 144/27) in einem m. W. nicht veröffentlichten Urteile die landesrechtliche Gebühr für fruchtlose Vergleichsverhandlungen zugesprochen, weil dieselben besonders umfangreich und schwierig waren.

[16]) JMBl. 1902, 460/1.

sich Art. 6 Abs. 5 auch nur auf diesen Teilbetrag, hinsichtlich dessen Identität der Sachen vorliegt.

c) Unter der „Prozeßgebühr" versteht Art. 6 Abs. 5, wie die Motive ausdrücklich bekunden, nur die volle Prozeßgebühr, so daß insbesondere die nach § 14 RAGebO. auf $^{5}/_{10}$ ermäßigte Gebühr den Wegfall der Informationsgebühr nicht zur Folge hat und neben dieser angesetzt werden kann. Dagegen werden als Prozeßgebühr hier auch die Arrestgebühr des § 28 RAGebO., die Gebühr für das Mahnverfahren (§ 38 RAGebO.), die Gebühr für das Güteverfahren (§ 38a RAGebO.) und die Gebühr des § 40a RAGebO.[16a]) anzusehen sein. Alle diese Gebühren sind Verfahrensgebühren, die den Charakter der Prozeßgebühr tragen; sie entstehen in voller Höhe der Prozeßgebühr, während sie z. B. der Entstehung der RpflVO. entweder überhaupt noch nicht existierten oder sich als verminderte Gebühren ($^{3}/_{10}$ usw.) darstellten. Daraus allein erklärt sich ihre Nichtberücksichtigung. 30

Auch die Verkehrsgebühr hat die Wirkung des Art. 6 Abs. 5 nur dann, wenn sie in voller Höhe entsteht (also nicht, wenn etwa § 14 RAGebO. zur Anwendung gelangt).

3. Betrifft die Tätigkeit des RA. Mahnungen, Kündigungen oder Schreiben ähnlicher Art, die der Einleitung einer Zwangsvollstreckung vorausgehen, so entfällt die Informationsgebühr, wenn demselben RA. eine Gebühr für den Antrag auf Einleitung der Zwangsvollstreckung zusteht. 31

Vorausgesetzt ist, wie auch die Motive[17]) bekunden, ein Zusammenhang zwischen der vorausgehenden und der auf die Zwangsvollstreckung bezüglichen Tätigkeit. Es wird sich z. B. um eine Androhung der Zwangsvollstreckung, um eine öffentlich beglaubigte Kündigung der vollstreckbaren Notariatsurkunde oder ähnliches handeln.

Nur wenn der Anwalt selbst den Zwangsvollstreckungsantrag stellt, verliert er die InfGeb. für das vorausgehende Verfahren, nicht dagegen, wenn diesen Antrag z. B. die Partei selbst stellt und der Anwalt erst später wieder im Vollstreckungsverfahren tätig wird. Auch die InfGeb. für den Vollstreckungsauftrag selbst wird durch Art. 6 Abs. 5 nicht berührt. 32

4. Bleibt infolge der Vorschrift des Abs. 5 eine landesrechtliche Gebühr überhaupt nicht mehr übrig, d. h. fällt weder die InfGeb. noch eine andere Gebühr nach der RpflVO. an, so ist auch für die Anwendung der Angemessenheitsklausel kein Raum. 33

Artikel 7.

Der Rechtsanwalt erhält für die Erteilung eines Rates ein Zehnteil der vollen Gebühr.

Hat der Rechtsanwalt im Anschluß an die Erteilung des Rates eines der in den Art. 8 bis 12 bezeichneten Geschäfte vorzunehmen, für das nach diesen Artikeln oder nach Art. 13 eine besondere Gebühr anzusetzen ist, so kann die Gebühr für das Geschäft nur gefordert werden, soweit sie die Gebühr für den Rat übersteigt.

Übersicht.

[16a]) Ab 1. Okt. 1930 gibt es auch im Verfahren über Anträge auf Vollstreckbarkeit eines Schiedsspruchs usw. eine echte „Prozeßgebühr" (Art. III RGes. v. 25. Juli 1930, RGBl. I 361).

[17]) JMBl. 1902, 461.

1 **I. Der Begriff der Ratserteilung.**

1. Der Begriff der Ratserteilung, für welche die Gebühr des Art. 7 bestimmt ist, entspricht dem des § 47 RAGebO.[1]). Danach ist als Rat die Mitteilung einer Ansicht darüber zu erachten, wie der Anfragende oder ein Dritter sich in einer bestimmten rechtlichen Lage verhalten soll.

2 2. Der Rat ist durchaus nicht identisch mit der Konferenz (Besprechung) oder Konsultation. Er ist sehr häufig das Ergebnis der Besprechung; aber die Konsultation kann auch ohne dieses Ergebnis enden und die Ratserteilung kann ebenso ohne vorausgehende Besprechung — z. B. auf schriftliche Anfrage und auf schriftlichem Wege — erfolgen. Andere LGebO.en, z. B. Preußen (Art. 11), unterscheiden denn auch zwischen Rat und Besprechung und kennen für letztere eine besondere Konferenzgebühr, die in Bayern nicht besteht.

3 3. Der Rat kann mündlich oder schriftlich erteilt werden. Der schriftliche Rat, der in Art. 9 Abs. 3 nochmals besonders erwähnt wird, unterscheidet sich von dem Gutachten im wesentlichen dadurch, daß das Rechtsgutachten eine ausführliche Erörterung der in Betracht kommenden Fragen, eine Prüfung der rechtlichen Gründe und Gegengründe enthalten und erkennen lassen muß, während bei der Ratserteilung nur das Resultat ohne Begründung oder mit ganz kurzer Erläuterung erfordert wird. Der Unterschied ist nicht mit voller Schärfe allgemein zu präzisieren. Näheres bei Walter-Joachim-Friedlaender[8] § 88 Anm. 1, 2.

4 **II. Geltungsgebiet.**

§ 47 RAGebO. bezieht sich auf die Ratserteilung über eine Angelegenheit, die unter § 1 RAGebO. fällt. Betrifft also der Rat den Beginn oder die Fortsetzung eines Verfahrens vor den ordentlichen Gerichten, auf welches die Reichsjustizgesetze oder die VglO. Anwendung finden, so ist er nicht nach Art. 7, sondern nach § 47 RAGebO. zu honorieren. Dasselbe gilt, wenn der Rat sich auf ein Verfahren bezieht, auf welches die RAGebO. als Ganzes entsprechende Anwendung findet, z. B. auf ein schiedsrichterliches Verfahren (§§ 1025 ff. ZPO.), auf ein Rechtsmittelverfahren nach der RAbgO., auf eine der Angelegenheiten des Art. 1 RpflVO. usw.

Die hier erwähnte Beziehung zu einem solchen Verfahren liegt schon dann vor, wenn der RA. darüber Rat erteilt, ob ein Verfahren dieser Art begonnen oder fortgeführt werden soll.

5 **III. Die Gebühr für Ratserteilung.**

1. Der RA. erhält „für die Erteilung eines Rats" $^1/_{10}$ der vollen Gebühr.

In der Praxis bereitet zuweilen die Frage Schwierigkeiten, ob eine oder mehrere Ratserteilungen vorliegen. Zu dieser Frage äußern sich die Motive zu Art. 7 folgendermaßen: „Wird eine Angelegenheit in mehreren unmittelbar aufeinander folgenden Besprechungen behandelt, so liegt regelmäßig nur eine einmalige, wenn auch nach und nach die ganze Angelegenheit umfassende Ratserteilung vor (EGH. 3, 9; 4, 63; 8, 247)". Selbstverständlich kommt es, wie hier — vielleicht etwas zu zaghaft — betont wird, nicht auf die Mehrheit der Besprechungen, auch nicht darauf an, ob der Rat auf einmal oder in mehreren Teilberatungen erteilt wird. Auch die Vielheit der Rechtsfragen, die dem An-

---

[1]) Ebenso die Begr. zu Art. 7, JMBl. 1902, 462 und für Preußen: Friedlaender-Kraemer Art. 11 Anm. 3.

walt vorgelegt oder von ihm aufgeworfen und beantwortet werden, ist für das hier interessierende Problem belanglos. Maßgebend ist nur die Einheit der Rechtsangelegenheit, d. h. des Tatbestandes, auf den sich nach dem Wunsch und Auftrag der Partei die Beratung bezieht. Hiefür erwächst die Ratsgebühr nur einmal (in jeder Instanz). Die Frage, wann etwa ein neuer Auftrag anzunehmen ist, der die Gebühr von neuem begründen kann, ist oft schwer zu beantworten[2]). Erfreulicherweise kann auch in solchen Zweifelsfällen die Angemessenheitsklausel zur Beseitigung von Härten und theoretischen Erörterungen dienen.

2. Eine Gebühr für Ratserteilung wird nur dann geschuldet, wenn diese Ratserteilung von der Partei gewollt war. Häufig rät der Anwalt, der einen Auftrag zu positivem Eingreifen (z. B. in einer Nachlaß- oder Vormundschaftssache) erhielt, mit Begründung hievon ab. Das entspricht seiner Anwaltspflicht, die ihm gebietet, aussichtslose Sachen abzulehnen. Da die meisten Parteien wissen, daß der Anwalt eine Sache nicht ohne Prüfung annehmen darf, so wird regelmäßig in der Auftragserteilung zu positivem Handeln zugleich der Auftrag zur Ratserteilung liegen für den Fall, daß die pflichtgemäße Prüfung die Ablehnung des positiven Mandats rechtfertigt. Dann ist auch der Ansatz der Ratsgebühr berechtigt. 6

3. Neben der Ratsgebühr wird regelmäßig die InfGeb. nach Art. 6 anfallen. Es können auch die weiteren Gebühren der Art. 8—13 (Schriftsatzgebühr, Briefgebühr, Terminsgebühr usw.) neben der Ratsgebühr zum Ansatz gelangen. Wenn eines dieser anderen Geschäfte aber im Anschluß an die Erteilung eines Rats vorgenommen oder (Art. 13) begonnen worden ist, so kann die Gebühr für dieses Geschäft nur gefordert werden, soweit sie die Ratsgebühr übersteigt (Anrechnung der Ratsgebühr auf die anderen Gebühren). Mit den Worten „im Anschluß an die Erteilung eines Rats" soll nicht der unmittelbar zeitliche, sondern ein innerer Zusammenhang bezeichnet werden[3]). Wenn also z. B. der Anwalt auf Befragen zur Aufnahme eines Verfahrens vor dem Vormundschaftsgerichte rät, so erhält er zunächst die InfGeb. ($^2/_{10}$—$^5/_{10}$) und die Ratsgebühr ($^1/_{10}$). Findet nun ein Termin beim Vormundschaftsgerichte statt, den er wahrzunehmen hat und für den an sich eine $^3/_{10}$ Gebühr begründet wäre, so erhält er statt dessen nur $^2/_{10}$. 7

Diese ganze durch Art. 7 Abs. 2 verfügte Anrechnung der Ratsgebühr gilt nicht bei schriftlicher Ratserteilung (Art. 9 Abs. 3 RpflVO.).[4]) 8

Artikel 8.

Der Rechtsanwalt erhält zwei Zehnteile der vollen Gebühr, jedoch mindestens zwei Mark, für Anträge, Erklärungen und Beschwerden bei Behörden. Die Gebühr kann bis auf vier Zehnteile der vollen Gebühr erhöht werden, wenn die Tätigkeit des Rechtsanwalts besonders weitläufig oder schwierig ist.

Hat der Rechtsanwalt die einem Antrag oder einer Erklärung zugrunde liegende Urkunde entworfen und erhält er hiefür eine Gebühr nach Artikel 12, so steht ihm für den Antrag oder für die Erklärung die Gebühr aus Abs. 1 nur dann zu, wenn der Antrag oder die Erklärung eine das Sach- und Rechtsverhältnis entwickelnde Darstellung enthält und deren Einreichung vom Auftraggeber verlangt wird.

---

2) Vgl. hiezu Walter-Joachim-Friedlaender[8] § 47 Anm. 7, 17.

3) Begründung zu Art. 7, JMBl. 1902, 462.

4) Bayr. JMBl. 1902, 462.

Für bloße Benachrichtigungen, Beschleunigungsgesuche, kurze Anzeigen, Gesuche um Abschriften oder Ausfertigungen und für ähnliche Schreiben erhält der Rechtsanwalt nur Schreibgebühren.

Übersicht.

1 **I. Wesen und Voraussetzungen der Schriftsatzgebühr.**

1. Die Gebühr für Anträge, Erklärungen und Beschwerden bei Behörden (Schriftsatzgebühr) ist eine Einzelgebühr. Sie fällt also grundsätzlich für jede Eingabe an, nicht etwa nur einmal in der Instanz[1]). Die Summe der Einzelgebühren findet aber ihre Begrenzung durch Art. 14 RpflVO.

2 2. Der Zusammenhang (vgl. namentlich Abs. 3, auch Abs. 2) ergibt — was auch die Motive bestätigen[2]) — daß nur schriftliche Eingaben durch Art. 8 getroffen werden sollen. Telegramme stehen den schriftlichen Eingaben gleich.

3 3. Die Eingaben müssen, um die Gebühr zu begründen, an Behörden gerichtet, d. h. zur Einreichung bei ihnen bestimmt sein.

Der Behördenbegriff richtet sich, soweit es sich um bayerische Behörden handelt, nach bayerischem Staatsrecht, soweit aber außerbayerische Behörden in Frage kommen[3]), nach dem Rechte des Staates, dem die Behörde angehört.

Behörde ist ein Organ der öffentlichen Gewalt, das berufen ist, unter öffentlicher Autorität nach eigenem Ermessen für die Herbeiführung der Zwecke des Staates oder einer öffentlichen Korporation tätig zu sein und das eine selbständige, durch Recht und Verfassung dauernd geregelte Amtsorganisation besitzt[4]). Die Behörde im Sinne des Art. 8 kann Staats- oder Reichsbehörde, Gemeindebehörde oder Behörde eines anderen Selbstverwaltungskörpers, auch einer sonstigen Korporation des öffentlichen Rechts sein. Hierher gehören z. B. in Bayern die Verwaltungen städtischer Sparkassen, die Universitäten und vor allem die Notariate[4a]).

4 Dagegen ist es z. B. gleichgültig, ob die Behörde in der betr. Angelegenheit als Trägerin der Staatsgewalt oder als Vertreterin privatrechtlicher Interessen des Fiskus auftritt[5]). Nur wenn sie selbst Auftraggeberin des RA. ist und als solche Eingaben von ihm erhält, ist die Anwendung des Art. 8 sinngemäß ausgeschlossen, was übrigens auch durch die ausdrückliche Vorschrift des Art. 9 Abs. 1 bestätigt wird.

---

[1]) So ausdrücklich BayObLGZ. 28 (1928), 460 = BayZ. 1928, 282 mit Begründung aus Art. 14.
[2]) Ebenso für Preußen: Friedlaender-Kraemer Art. 8 Anm. 4.
[3]) Siehe Allg. Einl. Anm. 28.
[4]) Vgl. RGSt. 18, 249ff.
[4a]) Vgl. Cammerer BayZ. 1930, 137.
[5]) JMBl. 1902, 463 (Begründung).

4. Die VO. nennt *Anträge, Erklärungen und Beschwerden.* 5

Anträge sind Äußerungen, die ein Tätigwerden der Behörde in bestimmter Richtung bewirken sollen. *Beschwerden* sind Eingaben, deren Zweck es ist, die Abänderung einer behördlichen Entschließung herbeizuführen. *Erklärungen* sind die sonstigen Äußerungen sachlichen Inhalts gegenüber der Behörde.

Daß überhaupt nur Eingaben mit sachlichem Inhalt gebührenpflichtig sind, stellt 6
Art. 8 Abs. 3 klar: bloße Benachrichtigungen (z. B. Adressenangaben), Beschleunigungsgesuche, kurze Anzeigen (Anwaltsbestellung u. ä.), Gesuche um Abschriften oder Ausfertigungen und ähnliche Schreiben (wie Terminsverlegungsgesuche, Begleitschreiben bei Vorschußzahlungen usw., kurz alles, was nur den äußeren Betrieb betrifft), fallen nicht unter die Schriftsatzgebühr. Sie stellen eine nicht gebührenpflichtige Tätigkeit dar, weshalb der RA. hier Schreibgebühren, aber auch nur diese, liquidieren kann (Art. 8 Abs. 3, 27 Abs. 1 RpflVO., § 76 Abs. 2 Nr. 3 RAGebO.).

5. Der RA. braucht die Eingaben, von denen Art. 8 Abs. 1 spricht, nicht eingereicht 7
zu haben. Die Gebühr entsteht mit der Abfassung. Auch wenn der Anwalt sie nur entwirft und der Partei zur Unterzeichnung vorlegt, ist die Gebühr erwachsen; ebenso wenn sie bei ihm nur im Stenogramm fertig vorliegen. Anderseits genügt die Unterzeichnung durch den Anwalt, auch wenn ein anderer die Schrift entworfen hat (§ 5 RAGebO. mit Art. 27 RpflVO.).

6. Auch für sachliche Schriftsätze, die unter eine der Kategorien des Art. 8 Abs. 1 8
fallen, kann aus besonderen Gründen ein Gebührenansatz nicht gerechtfertigt sein. Wenn z. B. der Anwalt vergessen hat, in einem Schriftsatz eine wichtige Darlegung vorzubringen und diese alsbald in einem besonderen Schriftsatz nachbringt, so kann er nicht zwei Gebühren aus Art. 8 liquidieren[6]). Das folgt aus allgemeinen zivilrechtlichen Grundsätzen. Doch sind diese Fragen natürlich nicht ex nunc, sondern vom Standpunkt der *damaligen* Sachlage aus unter Würdigung dessen, was man *damals* von der Sorgfalt des Anwalts verlangen konnte, zu beurteilen.

7. **Die Ausnahmevorschrift des Art. 8 Abs. 2** bezieht sich nur auf „Anträge" und 9
„Erklärungen", nicht auf Beschwerden. Bei jenen soll die Schriftsatzgebühr unter folgenden Voraussetzungen nicht zur Erhebung gelangen:

a) Der RA. hat die der Eingabe zugrunde liegende Urkunde entworfen, z. B. einen Notariatsvertrag, den er zum grundbuchamtlichen Vollzug mit Begleitschreiben einreicht.

b) Der RA. „erhält" für die Herstellung des Entwurfes der Urkunde eine Gebühr nach Art. 12[6a]). Das Wort „erhält" ist ungenau. Es kommt nur darauf an, ob er die Gebühr *verdient*[7]) hat.

c) Die Eingabe enthält nicht eine „das Sach- und Rechtsverhältnis entwickelnde 10
Darstellung". Aber auch diese Ausnahme von der Ausnahme gilt nur dann, wenn die Partei die Fertigung einer solchen Darstellung verlangt hat.

Unter der im Gesetz gekennzeichneten „Darstellung" wird man jede besondere Begründung zu verstehen haben, die geeignet ist das in der Urkunde Enthaltene deutlicher

---

[6]) Das meint wohl auch BayObLGZ. 25 (1926), 279.

[6a]) In dem vom OLG. Stuttgart JW. 1930, 663[30] entschiedenen Falle (der RA. reicht einen gerichtlichen Prozeßvergleich zum Vollzuge beim Grundbuchamte ein) würde der bayerische Anwalt die Gebühr des Art. 8 zweifellos erhalten müssen. Vgl. auch Heß a. a. O.

[7]) So auch WürttLGebO. 25. Febr. 1927 Art. 8 Abs. 1 Satz 2.

zu machen oder etwaige Bedenken und Schwierigkeiten zu beseitigen. Die Partei muß die Einreichung „verlangt" haben; dazu ist nicht erforderlich, daß sie die Initiative ergriffen hat. Aber ihr Einverständnis muß zweifelsfrei vorliegen. Preußen verlangt außerdem, daß der „das Sach- und Rechtsverhältnis entwickelnde Vortrag" erforderlich ist (Art. 8 Abs. 2 PrLGebO.). Diese Bestimmung gilt in Bayern nicht; wenn aber der RA. durch fahrlässig falsche Beratung die Partei veranlaßt, die Einreichung einer evident überflüssigen Begründung zu „verlangen", so kann er aus allgemein zivilrechtlichen Gesichtspunkten der Gebühr verlustig gehen. — Zur Einreichung braucht es natürlich auch im Falle des Abs. 2, letzter Halbsatz, nicht gekommen zu sein: es genügt, daß die zur Einreichung bestimmte „Darstellung" abgefaßt war (oben Anm. 7).

11 **II. Die Höhe der Schriftsatzgebühr.**

Die einzelne Gebühr des Art. 8 beträgt $^2/_{10}$ der vollen Gebühr, jedoch mindestens 2 RM. Sie kann bis auf $^4/_{10}$ erhöht werden, wenn die Tätigkeit des RA. besonders weitläufig oder schwierig ist. Die Worte sind genau dieselben wie in Art. 6 Abs. 1 Satz 2. Es gelten daher auch die dortigen Ausführungen, auf die verwiesen wird (Art. 6 Anm. 12, 13, 15, 15a).

Das gleiche gilt von der Anwendbarkeit der Angemessenheitsklausel (Art. 6 Anm. 14 und 15).

Wegen der Höchstbeträge für die Instanz vgl. Art. 14.

Artikel 9.

Der Rechtsanwalt erhält ein Zehnteil der vollen Gebühr für Abfassung eines Schreibens an eine andere Privatperson als den Auftraggeber, wenn es rechtliche Ausführungen oder sachliche Auseinandersetzungen enthält.

Für die der Einleitung eines Prozesses oder einer Zwangsvollstreckung vorausgehenden Mahnungen, Kündigungen oder Schreiben ähnlicher Art kann diese Gebühr nicht gefordert werden, wenn dem Rechtsanwalte die Prozeßgebühr, eine Gebühr nach § 44 der Reichsgebührenordnung für Rechtsanwälte oder eine Gebühr für den Antrag auf Einleitung der Zwangsvollstreckung zusteht.

Auf ein Schreiben an den Auftraggeber, das einen von diesem erbetenen Rat enthält, findet die Bestimmung des Artikel 7 Abs. 1, auf ein Gutachten mit juristischer Begründung die Bestimmung des § 88 der Reichsgebührenordnung für Rechtsanwälte Anwendung.

Für andere Schreiben erhält der Rechtsanwalt nur Schreibgebühren.

Übersicht.

1 **I. Wesen und Voraussetzungen der Briefgebühr.**

1. Die Gebühr des Art. 9, die wir kurz als Briefgebühr bezeichnen, ist ebenso wie die Schriftsatzgebühr eine Einzelgebühr, die also an sich für jedes Schreiben anfällt, das

den Voraussetzungen unserer Vorschrift entspricht. Die Begrenzung der Gebührensummen für die Instanz bestimmt Art. 14.

2. Schreiben des RA. an seinen Auftraggeber werden niemals mit der Schriftsatz- 2
gebühr entgolten. Sie können nur unter die Ratsgebühr (vgl. Art. 7 Anm. 3, 8) fallen oder ein Rechtsgutachten darstellen, das nach § 88 RAGebO. zu honorieren ist. § 88, der dem RA. für die Erstattung eines Gutachtens mit juristischer Begründung die „angemessene Vergütung" zubilligt und im Streitfalle den Richter verpflichtet, ein (übrigens nicht bindendes) Gutachten des Vorstands der Anwaltskammer einzuholen, soll also auch hier Anwendung finden. Zu seiner Erläuterung ist auf die Kommentare zur RAGebO. zu verweisen[1]).

3. Es scheiden ferner aus die Schreiben an Behörden, die im Art. 8 teils positiv 3
teils negativ behandelt sind. Die Gebühr des Art. 9 kann auch nie deshalb für einen Schriftsatz erhoben werden, weil er nicht nur der Behörde eingereicht, sondern auch dem Gegner zugestellt oder übersandt wird. Das ergibt sich schon daraus, daß die Schriftsatzgebühr mit der Fertigung entsteht und daß der Schriftsatz an die Behörde gerichtet ist.

4. Es bleiben also übrig die Schreiben, welche an eine andere Privatperson ge- 4
richtet sind als an den Auftraggeber. Privatperson soll den Gegensatz zur Behörde kennzeichnen. Aber auch von diesen Schreiben sind nur solche gebührenpflichtig, welche rechtliche Ausführungen oder sachliche Auseinandersetzungen enthalten.

Sachliche Auseinandersetzungen sind alle Ausführungen, die sich auf die Sache selbst beziehen, im Gegensatz zu bloß formalen oder den äußeren Dienst betreffenden Mitteilungen (wie Anfragen nach dem nächsten Termin, Verabredungen zur Besprechung u. ä.). Ob die Ausführungen zur Sache kurz oder lang, einfach oder verwickelt sind, ist für die Entstehung der Gebühr gleichgültig: auch der gewöhnliche Mahnbrief enthält die sachliche Behauptung, daß der Gläubiger x Mark zu fordern habe.

Der Begriff der rechtlichen Ausführungen bedarf keiner Erläuterung.

5. Es folgt nun in Art. 9 (Abs. 2) eine Vorschrift, die dem Art. 6 Abs. 5 nachge- 5
bildet ist. Es ist deshalb erforderlich sich die Ausführungen zu Art. 6 Anm. 17ff. ins Gedächtnis zurückzurufen.

Soweit danach eine landesrechtliche Gebühr für Kündigungen, Mahnschreiben und Schreiben ähnlicher Art überhaupt nicht anfällt, hat es dabei sein Bewenden. Soweit sie nach Art. 9 anfällt, kommt sie wieder in Wegfall, wenn das Schreiben mit einem nachfolgenden Prozeß oder einer nachfolgenden Zwangsvollstreckung in innerem Zusammenhang steht und wenn dem RA. die volle Prozeßgebühr, die volle Verkehrsgebühr (eventuell die Gebühr für das Güte- oder Mahnverfahren usw.) oder eine Gebühr für den Antrag

---

[1]) Vgl. insbes. Baumbach RKostGes.[3] § 88 RAGebO. und Walter-Joachim-Friedlaender[8] § 88. Gegenüber BayObLGZ. 24, 359 ist mit Baumbach daran festzuhalten, daß das Gutachten niemals niedriger honoriert werden kann als ein Rat in derselben Angelegenheit; denn das Gutachten ist ein qualifizierter Rat (also in Bayern regelmäßig mindestens $^3/_{10}$, nämlich $^2/_{10}$ InsGeb. und $^1/_{10}$ Ratsgebühr). Das steht nicht im Widerspruch mit der vom BayObLG. betonten sonstigen Unabhängigkeit der „Vergütung" von Streitwert, Gebührenstaffel usw. Mit Recht bezeichnet es als maßgebend die Schwierigkeit der Materie, Schwierigkeit der Beschaffung und Umfang des Materials, den Umfang der sonstigen Vorarbeiten und Studien, den Aufwand an Zeit und Mühe, die Bedeutung des Gutachtens für die Partei und den Inhalt des Gutachtens. Übrigens sind damit die maßgebenden Gesichtspunkte nicht erschöpft. Auch das Gewicht eines Namens kann berücksichtigt werden ebenso wie die besondere Leistungsfähigkeit des Klienten.

auf Einleitung der Zwangsvollstreckung zusteht. Die Einzelheiten ergeben sich aus Art. 6 Anm. 27—33.

6 6. Soweit nach Art. 9 anwaltschaftliche Schreiben nicht gebührenpflichtig sind, erhält der RA. Schreibgebühren (Art. 9 Abs. 4, § 76 Abs. 2 Nr. 3 RAGebO.).

7 **II. Die Höhe der Briefgebühr** beträgt stets $^1/_{10}$, vorbehaltlich der Wirkungen der Angemessenheitsklausel und der Beschränkung durch Art. 14.

Artikel 10.

Für die Wahrnehmung eines Termins vor einer Behörde erhält der Rechtsanwalt drei Zehnteile der vollen Gebühr, jedoch mindestens drei Mark; werden in derselben Instanz mehrere Termine wahrgenommen, so beträgt die Gebühr für den zweiten und für jeden weiteren Termin zwei Zehnteile der vollen Gebühr, jedoch mindestens zwei Mark (Terminsgebühr).

Für die Wahrnehmung eines Termins, der nur zur Übernahme oder zur Ablieferung von Geldern oder Wertpapieren bestimmt ist, erhält der Rechtsanwalt eine Terminsgebühr nur dann, wenn die Übernahme oder die Ablieferung in dem Termine nicht stattfindet. Die Gebühr beträgt in diesem Falle ein Zehnteil der vollen Gebühr, jedoch nicht mehr als die Gebühr für die Übernahme oder die Ablieferung betragen hätte.

Übersicht.

1 **I. Wesen und Voraussetzungen der Terminsgebühr.**

1. Die Terminsgebühr, von der Art. 10 handelt, ist wiederum eine Einzelgebühr. Sie fällt für jeden Termin besonders an, vorbehaltlich der Begrenzung durch Art. 14.

2 2. Der RA. erhält die Gebühr des Art. 10 „für die Wahrnehmung eines Termins vor einer Behörde".

Der Begriff der Behörde ist erörtert bei Art. 8 Anm. 3, 4. Auf die dortigen Ausführungen, die auch für Art. 10 gelten, wird verwiesen.

3 Zum Wesen des Termins gehört die vorherige Bestimmung eines Zeitpunktes durch die Behörde oder einen einzelnen Beamten derselben zum Zwecke der Vornahme einer bestimmten Tätigkeit, die einen Bestandteil des behördlichen Verfahrens bildet. Es ist nicht unbedingt erforderlich, daß die Behörde selbst oder ihr Beamter die Terminsstunde vorher fixiert; auch wenn der Richter (z. B. der Nachlaßrichter) den Anwalt ersucht, „an einem Vormittag" zur Besprechung bei ihm zu erscheinen und wenn der Anwalt dem Ersuchen Folge leistet, liegt eine Terminswahrnehmung vor. Nicht dagegen, wenn der RA. ungebeten den Richter zu einer Besprechung aufsucht[1]).

4 Eine Wahrnehmung des Termins liegt schon dann vor, wenn der RA. in irgendeinem Zeitpunkt während der Dauer des Termins in diesem zum Zwecke der Wahrung der Interessen seines Auftraggebers anwesend war. Es braucht nicht zu irgendeiner sachlichen Verhandlung gekommen zu sein; auch wenn der Termin gleich nach Erscheinen des RA. vertagt wird, ist die Gebühr verdient. Notwendig aber ist die Anwesenheit im Termine,

[1]) OLG. 15, 183 (KG.); 39, 119 (KG.); Friedlaender-Kraemer Art. 10 Fußnote 1.

wobei es wieder belanglos ist, ob der Anwalt als Vertreter oder als Beistand erscheint (§ 4 RAGebO. mit Art. 27 Abs. 1 RpflVO.).

Wie es einerseits für den Anfall der Gebühr genügt, wenn der Anwalt in einem 5
sachlich bedeutungslosen Termin anwesend ist, so wird anderseits der Terminsbegriff grundsätzlich auch nicht dadurch qualifiziert, daß in demselben besonders wichtige Handlungen vorgenommen werden wie etwa Beweiserhebungen. Der Augenscheinstermin und die Zeugenvernehmung sind auch nur „Termine" im Sinne des Art. 10.

3. Eine praktisch nicht sehr wichtige Ausnahme von dem Grundsatz „Termin ist Termin" 6
enthält Art. 10 Abs. 2: ist der Termin nur zur Übernahme oder Ablieferung von Geldern oder Wertpapieren bestimmt und findet einer dieser Akte im Termin wirklich statt, so erhält der RA. keine Terminsgebühr. Er ist dann nach Meinung des Gesetzgebers durch die Hebegebühr des § 87 RAGebO. (Art. 27 RpflVO.) genügend entschädigt.

II. Die Höhe der Terminsgebühr. 7

1. Die Terminsgebühr beträgt für den ersten in der Instanz wahrgenommenen Termin $^3/_{10}$ der vollen Gebühr, jedoch mindestens 3 RM. Über den Instanzbegriff vgl. Art. 6 Anm. 7ff.

2. Für den zweiten und jeden folgenden Termin der Instanz beträgt die einzelne 8
Terminsgebühr nur $^2/_{10}$.

3. Wenn im Falle des Art. 10 Abs. 2 (oben Anm. 6) die Übernahme oder Ablieferung 9
der Gelder oder Wertpapiere in dem Termin tatsächlich nicht stattfindet, so erhält der RA. nur $^1/_{10}$ der vollen Gebühr als Terminsgebühr, jedoch nicht mehr als die Hebegebühr betragen hätte.

4. Die Höchstbeträge des Art. 14 sind zu beachten. Anderseits gilt auch hier eventuell 10
die AngKlausel.

III. Analoge Anwendung der Terminsgebühr? 11

Streitig ist die Frage der analogen Anwendung des Art. 10 auf andere Fälle, in denen es sich zwar nicht um Termine vor Behörden, aber um Tätigkeiten außerhalb der Geschäftsräume des Anwalts zu vorher bestimmter Zeit, an vorher bestimmtem Orte handelt: Generalversammlungen, Konferenzen bei einem Dritten u. ä. Diese Frage kann nur im Zusammenhang bei Art. 26 erörtert werden, weshalb auf die Anmerkungen zu dieser Vorschrift verwiesen wird (insbes. Anm. 7 dortselbst).

Artikel 11.

Für die Mitwirkung beim Abschluß eines Vergleichs erhält der Rechtsanwalt die volle Gebühr.

Übersicht.

I. Die Voraussetzungen der Vergleichsgebühr (Anm. 1—3).	II. Die Höhe der Vergleichsgebühr (Anm. 4).

I. Die Voraussetzungen der Vergleichsgebühr.[1]) 1

1. Der Rechtsanwalt erhält die Vergleichsgebühr für die Mitwirkung beim Abschluß eines Vergleichs.

Sowohl der Begriff des Vergleichs wie der einer Mitwirkung beim Abschluß des Vergleichs decken sich mit den entsprechenden Begriffen des Reichsgebührenrechtes (§ 13 Nr. 3

1) Die Vergleichsgebühr kann der Natur der Sache nach in derselben Angelegenheit bezüglich desselben Gegenstandes nur einmal anfallen; es bedarf daher keiner Untersuchung, ob sie als Pauschgebühr oder als Einzelgebühr anzusehen ist.

RAGebO.). Es kann deshalb hinsichtlich der Einzelheiten auf die ausführlichen Erörterungen bei Walter-Joachim-Friedlaender[8] § 13 Anm. 53ff. verwiesen werden.

2 Nur folgende auch für das Landesrecht besonders wichtige Ergebnisse seien hier kurz festgestellt:

a) Der Begriff des Vergleichs ist der zivilrechtliche (§ 779 BGB.). Dabei ist das Wort „Nachgeben" in weitestem Sinne zu verstehen: schon die Gewährung eines Anerkenntnisses, eines Vollstreckungstitels kann ein Nachgeben darstellen.

b) Die Mitwirkung erfordert nicht Anwesenheit beim Abschluß des Vergleichs, auch nicht unmittelbare Verhandlungen des Anwalts mit dem Gegner[1a]). Auch die Beratung des Klienten zum Vergleich genügt, wenn sie kausal für dessen Abschluß war. Das ist der Fall, wenn die Beratung zu wesentlichen Bestimmungen des Vergleichs erfolgt und der Vergleich dann auch im großen und ganzen dem Rat entsprechend zustande gekommen ist.

c) Der Vergleich muß tatsächlich — amtlich oder außeramtlich — geschlossen und er muß zivilrechtlich gültig sein. Nachträgliche Auflösung des Vergleichs beeinträchtigt die einmal angefallene Vergleichsgebühr nicht. Ebensowenig die Anfechtung wegen Irrtums und Betrugs oder die Geltendmachung der Unwirksamkeit nach § 779 BGB.[2]) (es sei denn, daß ausnahmsweise die Mängel dem Anwalt bekannt waren oder sein mußten).

3 2. Zu beachten ist noch das Verhältnis der Vergleichsgebühr

a) zur Terminsgebühr; hierüber siehe Art. 14 Abs. 3,

b) zur Urkundengebühr des Art. 12. Diese Gebühr wird für das „Entwerfen der Urkunde über ein Rechtsgeschäft" gewährt. Auch der Vergleich ist ein Rechtsgeschäft. Wirkt nun der Anwalt auftragsgemäß zum Abschlusse eines Vergleichs mit und entwirft er auch die Vergleichsurkunde, so muß dies nach Parteiabsicht und Übung als Teil seiner Vergleichstätigkeit angesehen werden; es entsteht nicht neben der Vergleichsgebühr noch eine Urkundengebühr. Wohl aber ist dies der Fall, wenn der RA. nach Perfektion des Vergleichs und nach Beendigung seiner in Aussicht genommenen Tätigkeit einen neuen Auftrag zur schriftlichen Formulierung des Vergleichs erhält[3]).

4 **II. Die Höhe der Vergleichsgebühr.** Die Vergleichsgebühr ist ebenso wie im Reichsrecht stets eine volle Gebühr. Vgl. jedoch Art. 14 Abs. 3.

Artikel 12.

Für das Entwerfen der Urkunde über ein Rechtsgeschäft erhält der Rechtsanwalt zwei bis fünf Zehnteile der vollen Gebühr. Wenn die Tätigkeit des Rechtsanwalts besonders weitläufig oder schwierig ist, kann die Gebühr bis auf den Betrag der vollen Gebühr erhöht werden.

Übersicht.

[1a]) Vgl. hiezu auch RG. HöchstrRspr. 1928 Nr. 2059; 1929 Nr. 552; OLG. Celle ZDJustAmtm. 1929, 473; Recht 1929 Nr. 1118.

[2]) So jetzt auch: OLG. München JW. 1928, 756[50].

[3]) Walter-Joachim-Friedlaender[8] § 13 Anm. 59 letzter Absatz.

I. Wesen und Voraussetzungen der Urkundengebühr. 1

1. Die Gebühr ist eine Einzelgebühr. Sie kann in einer Angelegenheit oder „Instanz" mehrfach zum Ansatz gelangen.

2. Die Urkundengebühr fällt an, wenn der RA. die Urkunde über ein Rechtsgeschäft 2
entworfen hat. Alle Arten von Rechtsgeschäften können in Frage kommen: Verträge (Gesellschaftsverträge, Miet-, Werk- und Dienstverträge, Erbauseinandersetzungsverträge, Kauf- und Tauschverträge, Schenkungen usw.), aber auch einseitige Rechtsgeschäfte wie Kündigungen, Anfechtungen, Testamente, Annahme und Ausschlagung einer Erbschaft, Anmeldungen zum Handelsregister, Vertragsangebote usw.

3. Mit der Fertigstellung des Entwurfs der Urkunde ist die Gebühr verdient. Es 3
genügt, daß der Entwurf — sei es auch nur stenographisch — niedergeschrieben ist.

4. Die Motive erörtern die Frage, ob der RA. die Urkundengebühr mehrfach be- 4
anspruchen könne, wenn er zu demselben Geschäfte mehrere Urkundenentwürfe gefertigt hat. Sie kommen zu dem Ergebnis, daß die Frage nur nach Lage des einzelnen Falles zu entscheiden sei. Dem ist beizupflichten.

Sicherlich kann die Gebühr nicht mehrfach berechnet werden, wenn der RA. nur zu seiner eigenen Information oder zur Auswahl für die Partei mehrere Entwürfe gefertigt hat oder wenn durch sein Verschulden mehrere Entwürfe gefertigt werden mußten[1]).

Abgesehen von diesen und ähnlichen Fällen wird es aber darauf ankommen, fest- 5
zustellen, ob nach der Absicht der Kontrahenten des Anwaltsvertrags mit der Ablieferung des (an sich nach der vorliegenden Information auftragsgemäß gefertigten) Entwurfs die hierauf bezügliche Tätigkeit des RA. beendigt sein sollte oder nicht. Nur wenn diese Frage zu bejahen ist, kann eine Abänderung gebührenrechtlich als neuer Entwurf erachtet werden. Sehr häufig wird es als selbstverständlich erachtet werden, daß der Entwurf nur als erste Grundlage der Verhandlungen dienen und daß er als fertige Arbeit erst in Betracht kommen sollte, wenn die im Laufe der Verhandlungen als wünschenswert erkannten Änderungen ebenfalls von dem Anwalt vorgenommen sein würden. Unbilligkeiten zuungunsten des Anwalts werden durch Anwendung des im Art. 12 vorgesehenen Gebührenrahmens (Spielraum von $^{2}/_{10}$ bis $^{10}/_{10}$)[2]), eventuell durch die AngKlausel zu vermeiden sein. Unbilligkeiten zuungunsten des Klienten müssen durch takt- und maßvolle Auslegung der Begriffe „Einheit und Mehrheit der Urkundenentwürfe" hintangehalten werden[3]). Auch bezüglich der Identität des Rechtsgeschäftes können sich ähnliche Zweifel ergeben und auch hier kann die Lösung nur nach Lage des Einzelfalles erfolgen.

II. Die Höhe der Urkundengebühr. 6

Die Urkundengebühr beträgt normalerweise 2 bis 5 Zehnteile der vollen Gebühr. Ist die Tätigkeit besonders weitläufig oder schwierig, so kann sie bis zur vollen Gebühr erhöht werden. Außerdem gilt eventuell die Angemessenheitsklausel. Alle hier einschlägigen Fragen sind bei Art. 6 (Anm. 12—15a) bereits erörtert, weshalb auf die dortigen Ausführungen verwiesen wird.

Neu ist nur die Abstufung innerhalb der Normalgebühr ($^{2}/_{10}$—$^{5}/_{10}$). Diese Art der 7
Formulierung kommt häufiger in der VerwGebO. vom 26. März 1902 vor und in deren

---

[1]) Motive JMBl. 1902, 466.
[2]) Worauf die Motive selbst hinweisen.
[3]) Vgl. hiezu auch § 36 PrGKG. und Friedlaender-Kraemer Art. 13 Anm. 78ff.

Art. 10 ist eine eigene Anweisung über die Handhabung solcher Rahmengebühren gegeben, die lautet:

> Soweit diese VO. einen Spielraum gewährt, sind bei der Ausmessung der Gebühr die besonderen Umstände des einzelnen Falles, insbesondere der Umfang und die Schwierigkeit der Sache, die von dem Rechtsanwalt entwickelte Tätigkeit, die Bedeutung der Sache für den Auftraggeber und die Leistungsfähigkeit des Pflichtigen zu berücksichtigen.

Eine entsprechende Gesetzesstelle ist zwar in der RpflVO. nicht enthalten, aber der Inhalt des Art. 10 gibt nur das wieder, was auch ohne besondere Vorschrift dem Sinne eines Rahmengebührensystems entspricht. Wir haben nun folgende Rechtslage: Normalgebühr bis zu $^5/_{10}$, wobei alle Umstände des Falles für die Erhöhung bis zu dieser Grenze in Betracht kommen; dann Erhöhung bis zu $^{10}/_{10}$ nur wegen besonderer Weitläufigkeit oder Schwierigkeit. Da aber die AngKlausel wieder die Berücksichtigung aller Umstände gestattet, so kann die Erhöhung auf mehr als $^5/_{10}$ und auf mehr als $^{10}/_{10}$ auch aus anderen Gründen erfolgen, dann allerdings unter Ausschluß der Erstattungsfähigkeit, der aber hier praktisch kaum eine Rolle spielt.

Artikel 13.

Hat der Rechtsanwalt eines der in den Artikeln 7 bis 12 genannten Geschäfte vorbereitet oder begonnen, erledigt sich aber der Auftrag vor der vollständigen Ausführung, so erhält der Rechtsanwalt eine unter entsprechender Anwendung der Bestimmungen dieser Artikel zu bemessende Gebühr.

Übersicht.

1 **I. Allgemeine Bedeutung und Voraussetzungen der Vorschrift.**

1. Art. 13 ist dem § 90 RAGebO. nachgebildet, der wiederum in engem Zusammenhange mit § 89, dem Vorbilde des Art. 26 RpflVO., steht. Aber die Bedeutung des Art. 13 ist eine ungleich größere als die des § 90. Das hängt mit dem System und Aufbau der RpflVO. zusammen.

2 2. Art. 13 bezieht sich nur auf den Beginn oder die Vorbereitung derjenigen Geschäfte, für welche in den Art. 7—12 Gebühren vorgesehen sind. Die Informationsgebühr scheidet hier aus; sie bezieht sich auf eine Dauertätigkeit, mit deren Beginn die Gebühr angefallen ist und die ihrerseits schon begrifflich von dem Anwalt nicht wohl „vorbereitet" werden kann[1]). Dagegen entstehen die Gebühren der Art. 7—12 erst mit Erzielung eines gewissen Resultats:

die Ratsgebühr mit der Erteilung des Rats,
die Schriftsatzgebühr mit der Fertigung der Eingabe,

[1]) Läßt aber der kranke Klient den Anwalt zu sich in die Wohnung kommen, um ihn „in einer neuen Sache zu informieren", vermag er ihn aber dann nicht zu empfangen, so liegt auch hinsichtlich der Information ein ähnlicher Fall vor, wie ihn Art. 13 für die anderen Geschäfte voraussetzt. Alsdann ist eine Gebühr nach Art. 26 zu bestimmen.

die Briefgebühr mit der Abfassung des Schreibens,
die Terminsgebühr mit der Anwesenheit nach Beginn des Termins,
die Vergleichsgebühr mit dem Abschluß des Vergleichs,
die Urkundengebühr mit der Fertigung des Entwurfs.

Man kann vielleicht bei der Terminsgebühr bezweifeln, ob sie sich ganz streng dieser Systematik eingliedert. Jedenfalls aber hat es der Gesetzgeber getan und das bleibt maßgebend.

3. Es ist also positive Vorschrift, daß die Vorbereitung oder der Beginn derjenigen 3
Tätigkeiten, die bei Erfüllung der vollen Voraussetzungen eines der Artikel 7—12 eine der dort geregelten Gebühren auslösen, nach Art. 13 zu honorieren sind, wenn sich der Auftrag vor der vollständigen Ausführung erledigt.

Bei der Auslegung dieser Vorschrift muß zunächst beachtet werden, daß die Informationsgebühr keine allgemeine Betriebsgebühr ist (Art. 6 Anm. 1; Motive zu Art. 16, JMBl. 1902, 468). Sie enthält (im Sinne der RpflVO.) nicht die Vorbereitung eines der Geschäfte der Art. 7—12, sondern sie ist ein selbständiges, gebührenpflichtiges Geschäft. Die Informationsgebühr steht also ganz außerhalb der Fälle des Art. 13. Sie wird meistens bereits angefallen sein, wenn die Anwendung des Art. 13 in Frage kommt und sie bleibt von seiner Anwendung unberührt. 4

Ferner ist zu beachten das Verhältnis des Art. 13 zu Art. 16. Dort ist bestimmt, 5
daß für Neben- und Vorbereitungsgeschäfte, die zu einem gebührenpflichtigen Geschäft gehören, im Zweifel keine Gebühr beansprucht werden könne. Das mußte bestimmt werden mit Rücksicht auf die weitgefaßte und leicht mißverständliche Vorschrift des Art. 26, die dem § 89 RAGebO. entspricht. Aber Art. 16 betrifft nur den Fall, daß die Geschäfte, um deren Vorbereitungen oder Nebengeschäfte es sich handelt, gebührenpflichtig, also bis zur Erfüllung der gesetzlichen Voraussetzungen durchgeführt sind: er bezieht sich daher nicht auf die Fälle des Art. 13[1]).

4. Eine „Erledigung des Auftrags" liegt vor, wenn der Anwaltsvertrag endigt. Das 6
kann geschehen durch Kündigung von der einen oder anderen Seite, durch Tod des Anwalts, durch Konkurs des Klienten usw.[2]). Hier interessiert nur die rein gebührenrechtliche Seite der Probleme. Welche zivilrechtlichen Folgen etwa sonst durch vorzeitigen Abbruch des Vertrages entstehen können, ist hier nicht zu erörtern[3]). Die Erledigung kann auch dadurch eintreten, daß das beabsichtigte Geschäft scheitert.

5. Die Gebühr des Art. 13 fällt also beispielsweise an, wenn der Anwalt — immer 7
abgesehen von der Informationstätigkeit, die besonders vergütet wird — die Ratserteilung vorbereitet und den Klienten zu diesem Zweck zu sich bestellt hat, dann aber die Mitteilung erhält, daß die Frage gegenstandslos sei; wenn der Schriftsatz begonnen wurde, der Anwalt aber vor der Vollendung stirbt; wenn der Anwalt zum Termin erscheint, aber erfährt, daß dieser vor ½ Stunde abgesetzt wurde, also überhaupt nicht stattfindet und wenn dann der Auftrag erlischt; wenn die Vergleichsverhandlungen fruchtlos verlaufen und der Auftrag nur auf Herbeiführung eines Vergleichs bzw. Verhandlungen zu diesem Zwecke gerichtet war, usw.

---

[1]) So auch ausdrücklich: Motive zu Art. 16, JMBl. 1902, 468.

[2]) Bezüglich der Einzelheiten verweise ich auf Friedlaender RAO.[3] Erl. vor § 30 Anm. 88ff.

[3]) Hiezu vgl. Friedlaender RAO.[3] a. a. O. Dazu ist zu bemerken, daß § 50 RA.-GebO. nicht anwendbar ist.

8 **II. Die Höhe der Gebühr des Art. 13** ist in der VO. nicht bestimmt. Sie soll unter entsprechender Anwendung der Bestimmungen in Art. 7—12 bemessen werden. Damit ist nur eines gesagt: nämlich daß sie auf Grund des Art. 13 nicht höher sein kann als die entsprechenden Gebühren für die vollendete Tätigkeit. Sie wird meist niedriger anzusetzen sein, kann aber (z. B. bei fast vollständiger Vollendung) auch den vollen Betrag erreichen.

9 Kraft der Angemessenheitsklausel kann auch die Gebühr des Art. 13 über den Höchstbetrag der Gebühr für das vollendete Geschäft hinaus erhöht werden.

Artikel 14.

Dem Rechtsanwalt steht in derselben Instanz an Gebühren für die in den Artikeln 6 bis 9 genannten Geschäfte aus diesen Artikeln oder aus dem Artikel 13 nicht mehr als eine volle Gebühr zu, jedoch nicht weniger als die Summe der Mindestgebühren für je eines der in Betracht kommenden Geschäfte beträgt.

An Terminsgebühren steht dem Rechtsanwalt in derselben Instanz nicht mehr als eine volle Gebühr zu; wenn er einen unter Artikel 10 Abs. 1 fallenden Termin wahrgenommen hat, erhält er mindestens drei Mark.

Dem Rechtsanwalte stehen für die Mitwirkung beim Abschluß eines Vergleichs und an Terminsgebühren in der Instanz, in welcher der Vergleich abgeschlossen worden ist, nicht mehr als fünfzehn Zehnteile der vollen Gebühr zu, wenn der Vergleich vor der Behörde, bei der die Sache anhängig ist, oder vor einer ersuchten Behörde abgeschlossen worden ist.

Übersicht.

1 **I. Allgemeine Bedeutung der Vorschrift. Mehrheit von Instanzen und Angelegenheiten.**

1. Art. 14 enthält die schon mehrfach erwähnten Höchstsätze, welche nach verschiedenen Richtungen hin „für die Instanz" normiert sind. Sie sollen einen Ausgleich schaffen zwischen Einzelgebühren- und Pauschalsystem.

2 2. Der Begriff der „Instanz", der hiebei eine wichtige Rolle spielt, ist schon oben bei Art. 6 Anm. 6ff. erörtert worden. Auf diese Ausführungen wird verwiesen.

3 3. Es handelt sich jedoch bei der Anwendung des Art. 14 häufig nicht sowohl um eine Abgrenzung verschiedener „Instanzen" gegeneinander als um die Abgrenzung der einzigen in Betracht kommenden „Instanz" von anderen Angelegenheiten[1]). Oder anders ausgedrückt: eine neue Angelegenheit ist stets auch eine neue Instanz, über die Grenzen der einzelnen „Angelegenheit" hinaus setzt Art. 14 keine Höchstbeträge fest.

[1]) Art. 12 der PrLGebO. sagt deutlicher: „Der Gesamtbetrag der in einer Angelegenheit ... anzusetzenden Gebühren darf in einer Instanz das Dreifache der vollen Gebühr nicht übersteigen."

4. Wie aber unterscheidet man die einzelne Angelegenheit von den anderen? Eine allgemeine Formel, die jeden Zweifel beseitigt, ist nicht zu finden. Auszugehen ist von dem Begriffe des Auftrags. Soviel Aufträge, soviel Angelegenheiten. Ein neuer Auftrag leitet eine neue Angelegenheit ein. Die Frage aber, ob und wann ein neuer Auftrag vorliegt, wie weit der Umfang eines Auftrages reicht, entscheidet sich nach der feststellbaren oder mutmaßlichen Absicht der Vertragsteile. Wenn anzunehmen ist, daß der Auftrag auf die Beratung in einer Vertragsangelegenheit, in einer Gründungssache, bei einer Hypothekenregelung gerichtet war, so begründet nicht jede neue Konferenz, jeder neue Vorschlag über die Modalitäten des Vertrages oder der Gründung, nicht jede neue Eröffnung einer Bankverbindung zum Zwecke der Regelung der Hypothekschulden oder jeder Sanierungsplan eine neue Angelegenheit. Wenn aber nach der Absicht der Kontrahenten die Tätigkeit des Anwalts als abgeschlossen galt, wenn die Verhandlungen endgültig gescheitert waren und nun von neuem seine Hilfe in Anspruch genommen wird, so liegt ein neuer Auftrag und eine neue Angelegenheit vor. Doch sind die Grenzen zwischen der Ergänzung einer Tätigkeit innerhalb des früheren Auftrags und dem Beginn einer neuen Angelegenheit oft flüssig und schwer zu ziehen[2]). 4

Auch nach anderer Richtung entscheidet über die Frage der Einheit oder Mehrheit 5
von Angelegenheiten der Wille der Parteien: wie im Zivilprozeß die Zusammenfassung mehrerer Ansprüche (die auch getrennt geltend gemacht werden könnten) in einem Verfahren die Einheit der Angelegenheit im kostenrechtlichen Sinne begründet oder bei der Pfändung mehrerer Forderungen oder Sachen die pflichtgemäße Zusammenfassung der verschiedenen Anträge in einen Antrag durch den RA. die Einheit „der Instanz" schafft, so vollzieht sich auch außerhalb des ordentlichen Prozesses und der zivilprozessualen Zwangsvollstreckung die Individualisierung der „Angelegenheiten" vielfach durch den Parteiwillen bzw. durch die pflichtgemäße, nämlich der mutmaßlichen Absicht, weil dem Interesse des Klienten entsprechende Handhabung durch den Anwalt. Man denke an die gleichzeitige Verfolgung von Rechten gegen mehrere Personen in einem oder in mehreren Verfahren der freiwilligen Gerichtsbarkeit; hier kann — je nach der Zweckmäßigkeit — der Wille eine „Angelegenheit" oder mehrere entstehen lassen. Erhält der Anwalt den Auftrag, 20 Mahnbriefe an verschiedene Schuldner zu schreiben, so sind dies naturgemäß 20 Angelegenheiten; ein gemeinsames Verfahren, zu dem sie der Wille verbinden könnte, ist hier zunächst nicht vorhanden. Wird aber der Anwalt beauftragt, ein Arrangement mit den Gläubigern des Klienten herbeizuführen, so zerfällt diese Angelegenheit nicht in so viele Einzelangelegenheiten als Gläubiger vorhanden sind: die Verhandlungen mit den einzelnen Gläubigern bilden nur einen Teil der Ausführung des Gesamtauftrags.

Erhält der RA. von mehreren Klienten, die in einer Rechtsgemeinschaft stehen, Auftrag zur Vertretung ihrer gemeinschaftlichen Interessen, so wird auch bei außergerichtlicher Sachbehandlung regelmäßig eine Angelegenheit (analog der Vertretung mehrerer Streitgenossen) vorliegen. Sind die Ziele verschiedene, so wird auch bei gleichzeitiger Übertragung des Auftrags durch mehrere Personen meist eine Mehrheit von Angelegenheiten vorliegen oder sich durch die notwendig getrennte Behandlung ergeben.

II. Die einzelnen Höchstgrenzen des Art. 14. 6

1. Art. 14 Abs. 1 bestimmt, daß die in den Art. 6—9 genannten Gebühren (mögen sie ganz oder nach Art. 13 in vermindertem Betrage anfallen) zusammen nicht mehr als

[2]) Vgl. hiezu Walter-Joachim-Friedlaender[8] § 25 Anm. 8ff., auch Friedlaender RAO.[3] § 32 Anm. 48. Die Literatur über diese Fragen ist sehr dürftig.

eine volle Gebühr betragen dürfen, jedoch nicht weniger als die Summe der Mindestgebühren für je eines der in Betracht kommenden Geschäfte.

Gemeint sind: die Informationsgebühr (mit dem Mindestbetrage von $^{3}/_{10}$, jedoch nicht unter 2 RM., bei der Zwangsvollstreckung $^{1}/_{10}$);

die Ratsgebühr ($^{1}/_{10}$);

die Schriftsatzgebühr (mit dem Mindestbetrage von $^{2}/_{10}$, jedoch nicht unter 2 RM.);

die Briefgebühr ($^{1}/_{10}$);

eventuell die Gebühren für Vorbereitung oder Beginn derselben Geschäfte (Art. 13).

7 Die Vergütung für ein Gutachten ist keine Gebühr, sie wird stets besonders berechnet und kommt für die Anwendung des Art. 14 Abs. 1 nicht in Betracht.

8 Bei Berechnung der „Mindestgebühr für je eines der in Betracht kommenden Geschäfte" muß festgestellt werden, welches im konkreten Falle diese Mindestgebühr wäre: betrifft also die Information die Zwangsvollstreckung, so kann nur $^{1}/_{10}$ (Mindestbetrag: 1 RM.) für die zweite Berechnung nach Art. 14 zugrunde gelegt werden; war der Schriftsatz nur begonnen, so ist die Mindestgebühr, da Art. 13 eine untere Grenze nicht festsetzt, 1 RM. (§ 8 RAGebO.).

Da nur 4 Kategorien von Gebühren in Betracht kommen, deren Mindestbeträge zusammen nicht mehr als $^{6}/_{10}$ betragen können (s. o. Anm. 6), so ergibt sich, daß die zweite Alternative des Art. 14 Abs. 1 nur bei ganz kleinen Gegenstandswerten praktisch werden kann, bei denen die festen Mindestziffern (2 RM., 1 RM.) zur Wirkung kommen. Dem entspricht auch das Beispiel, das die Motive geben; auch dieses trifft, obwohl es einen Gegenstandswert von nur 100 RM. zugrundelegt, nach der jetzt geltenden Gebührenskala nicht mehr zu. Bei 60 RM. Gegenstandswert beträgt jetzt die volle Gebühr 4 RM. Die InfGeb. beträgt mindestens 2 RM., die Schriftgebühr ebenfalls 2 RM. und die Briefgebühr 1 RM. Die Summe von 5 RM. wird also nach Art. 14 nicht auf 4 RM. reduziert.

In den weitaus meisten Fällen findet aber die Reduktion nach der ersten Alternative statt, weil die zweite zu keiner Überschreitung der vollen Gebühr führt.

9 2. Art. 14 Abs. 2 bestimmt, daß dem RA. an Terminsgebühren in derselben Instanz höchstens eine volle Gebühr zusteht. Daß diese Summe der Gebühren nicht niedriger sein kann als die Mindestgebühr für Wahrnehmung eines Termins nach Art. 10 Abs. 1, wenn der Anwalt einen solchen wahrgenommen hat, also 3 RM., erscheint doch wohl selbstverständlich; die VO. hebt es in Art. 14 Abs. 2 Halbsatz 2 ausdrücklich hervor.

10 3. Art. 14 Abs. 3 bestimmt endlich, daß die Vergleichsgebühr und die Summe der Terminsgebühren in einer Instanz zusammen nicht mehr als $^{15}/_{10}$ betragen dürfen, wenn der Vergleich vor der Behörde, bei der die Sache anhängig ist, oder vor einer ersuchten Behörde abgeschlossen wird.

Diese Vorschrift schließt sich an den früheren § 18 RAGebO. an, der für den gerichtlichen Vergleich nur $^{1}/_{2}$ Gebühr zubilligte, wenn dem RA. die volle Verhandlungsgebühr zustand und der Vergleich vor dem Prozeßgerichte oder einem ersuchten oder beauftragten Richter abgeschlossen wurde. § 18, eine der ungerechtesten Bestimmungen der früheren Zeit, ist seit der Novelle vom 1. Juni 1909 beseitigt. Nach Art. 14 Abs. 3 RpflVO. aber besteht der merkwürdige Unterschied in der Bewertung des außeramtlichen und des vor der Behörde geschlossenen Vergleichs noch fort.

11 4. Das Ergebnis der vorausgehenden Ausführungen läßt sich ziffermäßig, wenn man von der ziemlich bedeutungslosen Vorschrift des Abs. 1 Halbs. 2 und der AngKl.

absieht, dahin zusammenfassen, daß für die Geschäfte nach Art. 6—13 in einer Instanz höchstens anfallen können:

$^{10}/_{10}$ nach Abs. 1 für die Gebühren nach Art. 6—9;

$^{10}/_{10}$ an Terminsgebühren nach Art. 10;

$^{10}/_{10}$ für Mitwirkung bei einem außeramtlichen Vergleich;

Urkundengebühren ohne Begrenzung.

Artikel 15.

Die Gebühren werden nach dem Werte des Gegenstandes erhoben.

Auf die Wertsberechnung finden die Vorschriften der §§ 9, 9a, 11 bis 13[1]) des Gerichtskostengesetzes Anwendung.

Ist der Gegenstand einer Schätzung nach Geld nicht fähig, so ist ein Wert von 200 bis 50000 Mark, wenn aber das Geschäft für den Auftraggeber ausnahmsweise von besonders hoher Bedeutung ist, ein Wert bis zu 100000 Mark anzunehmen. Ist mit einem nicht vermögensrechtlichen Anspruch ein aus ihm hergeleiteter vermögensrechtlicher verbunden, so ist nur ein einziger Anspruch und zwar der höhere maßgebend.

Übersicht.

I. Der Gegenstand. 1

1. Die wichtige Vorschrift des Art. 15, die vom Werte des Gegenstandes handelt und den §§ 9 Abs. 1, 10 RAGebO. entspricht, gilt nicht für die Art. 1—3 RpflVO., weil hier die RAGebO. als Ganzes Anwendung findet; sie gilt formell auch nicht in den Fällen der Art. 17—23, weil hier § 10 RAGebO. in Art. 27 Abs. 2 unmittelbar für anwendbar erklärt ist. Da auch Art. 24 in seinem letzten Absatz eine eigene Bestimmung über den Gegenstandswert enthält, so beschränkt sich die Bedeutung des Art. 15 im wesentlichen auf die Fälle der Art. 6—14 bzw. die entsprechenden Fälle des Art. 26 RpflVO.

2. Der Gegenstand, von dem Art. 15 spricht, tritt an die Stelle des Streitgegen- 2
standes der RAGebO. und der Reichsjustizgesetze. Nur ist zu beachten, daß es sich auf dem Gebiete der RpflVO. nicht nur um Geltendmachung von Ansprüchen oder um Feststellung von Rechtsverhältnissen, sondern auch um Gestaltung von Rechtsverhältnissen

[1]) Lies jetzt: §§ 9, 10, 13—15 GKG.

handelt, die zwar auch im Prozeßrecht ein Analogon (in den Rechtsgestaltungsklagen) hat, aber doch — beispielsweise im Vertragsrecht — eine ganz andere und bedeutsamere Rolle spielt als dort.

3 Streitgegenstand im Sinne der ZPO. und des GKG. ist die der richterlichen Entscheidung unterbreitete Rechtsfolge eines materiellrechtlichen Tatbestandes in der durch den Klageantrag gegebenen Begrenzung. Diese Rechtsfolge ist bei der Leistungsklage identisch mit dem Anspruch, bei der Feststellungsklage mit dem festzustellenden Rechtsverhältnis[1]). Nun gibt es auf den Gebieten der LGebO., auf die sich Art. 15 bezieht, zahlreiche Fälle, in denen für die Bestimmung des Gegenstandes dieselben Grundsätze angewendet werden können, wie sie eben für den Streitwert im Zivilprozesse angedeutet wurden und in den Kommentaren zum GKG. und zur RAGebO. näher entwickelt sind. Bei der außergerichtlichen Geltendmachung eines Anspruchs auf Herausgabe einer Sache, Zahlung der Geldschuld an einen Dritten, Beseitigung eines Pfandrechts, Abnahme einer Ware, Aufwertung einer Hypothek usw. ist der Gegenstand des Anspruchs ebenso zu bestimmen, wie es der Streitgegenstand wäre, wenn es über die in dem Mahnbrief oder in den außergerichtlichen Vergleichsverhandlungen zum Ausdruck gelangten Ansprüche zum Prozeß gekommen wäre. Und für die Feststellung von Rechtsverhältnissen gilt dasselbe. Nur fehlt es in unseren Fällen des Art. 15 an der festen Umschreibung des Anspruchs oder Rechtsverhältnisses durch den Klageantrag, häufig auch an einem analogen formalen Anhaltspunkt und an dem für die Festlegung des Streitgegenstandes im Prozeß so wertvollen Korrelat der Rechtskraftwirkung[2]). Wenn in der Klage behauptet wird, der Kläger habe 10000 RM. aus Darlehen zu fordern, von denen hier nur 1000 RM. eingeklagt werden und wenn der Antrag auf diesen Betrag lautet, so bilden die 1000 RM. den Streitgegenstand; nur über sie wird auch rechtskräftig entschieden. Wenn in dem gleichen Falle der Gläubiger einen Brief schreiben läßt, worin mitgeteilt wird, daß 10000 RM. geschuldet werden; der Gegner möge 1000 RM. sofort bezahlen, im übrigen aber Vergleichsvorschläge machen, so ist Gegenstand der anwaltschaftlichen Tätigkeit (Information, Brief usw.) der ganze Anspruch zu 10000 RM. Will die Partei dies vermeiden, so muß sie ihren Auftrag einschränken: wenn sie z. B. von vornherein dem Anwalt mitteilt, sie habe zwar 10000 Reichsmark zu fordern, seine Tätigkeit solle sich aber nur auf 1000 RM. beschränken, nur diese seien durch Mahnbrief zu fordern, bezüglich des Restes seien auch keine Verhandlungen zu führen, so bilden diese 1000 RM. allein den Gegenstand der anwaltschaftlichen Tätigkeit, auch der Information. Das gilt allerdings nur, wenn der diesbezügliche Wille des Klienten mit äußerster Klarheit zum Ausdruck gebracht ist; im Zweifel will er über das, was er dem Anwalt vorträgt, zum mindesten auch beraten sein: der Anwalt soll ihn darauf hinweisen, daß die Verfolgung des Teilbetrages die drohende Verjährung bezüglich des Restes nicht hintanhält u. ä. Der Anwalt muß also auf der Hut sein, ehe er sich mit so beschränkten Aufträgen auch hinsichtlich Information und Ratserteilung abfindet.

4 Nach dem Gesagten ist bei der Geltendmachung von Ansprüchen und der Feststellung von Rechtsverhältnissen der Begriff des Gegenstandes im Anschluß an den Begriff des Streitgegenstandes unter tunlichster sinngemäßer Heranziehung der zivilprozessualen Grundsätze und unter Würdigung des Parteiwillens bei Erteilung oder Ergänzung des

---

[1]) Friedlaender GKG. §§ 9—15 Anm. 2.
[2]) Friedlaender GKG. a. a. O.; Stein-Jonas[14] § 3 Anm. I.

Auftrags zu bestimmen. Faßt man die einzelnen Grundsätze ins Auge, die für den Streitgegenstand gelten, so findet man an erster Stelle regelmäßig den Satz: es ist prinzipiell belanglos, was der Beklagte einwendet. Der Satz gilt auch hier, wenn es sich um Gläubiger und Schuldner oder um Gegner bei dem festzustellenden Rechtsverhältnisse handelt. Belanglos ist es ferner für den Umfang des Gegenstandes, daß die verlangte Leistung von einer Gegenleistung abhängig ist[3]). Die Lehren von den alternativen Ansprüchen, von Eventualansprüchen, Ansprüchen in unbestimmter Höhe[4]) u. ä. sind entsprechend anzuwenden[5]).

In denjenigen Fällen aber, in denen es sich nicht um die Geltendmachung von An- 5
sprüchen oder Feststellung von Rechtsverhältnissen handelt, insbesondere also bei der Gestaltung von Rechtsverhältnissen (Vertragsschlüssen und -abänderungen, Gründungen, Entwürfen von Statuten, Kündigungen, Anfechtungen usw.) bildet den Gegenstand der Tätigkeit das Rechtsverhältnis, auf das sich die Tätigkeit bezieht, dessen Gestaltung (Begründung, Änderung oder Aufhebung) von der Partei gewollt ist. Besteht die Gestaltung nur in der Änderung eines bestehenden Rechtsverhältnisses, so bildet auch ihren Gegenstand nur die Änderung, wenn sie nur einen quantitativ ausscheidbaren Teil betrifft. Besteht die Tätigkeit des Anwalts nur in der Mitwirkung zu einer Beteiligung des Klienten an einer Gesellschaft, einem Unternehmen usw., z. B. zu einem Übereinkommen über Aktienzeichnung, so bildet auch nur diese Beteiligung den Gegenstand seiner Wirksamkeit.

II. Der Gegenstandswert. 6

A. Allgemeines. Die nicht vermögensrechtlichen Angelegenheiten.

1. Der Wert des Gegenstandes bemißt sich, soweit nicht Sondervorschriften bestehen, nach den Bestimmungen der §§ 9, 10, 13—15 GKG.[6]). Nicht angeführt ist

---

[3]) Friedlaender GKG. §§ 9—15 Anm. 6.

[4]) Friedlaender GKG. §§ 9—15 Anm. 12ff.

[5]) Mit Recht weisen Friedlaender-Kraemer Vorb. zu Art. 8—12 Anm. 7 darauf hin, daß der Antrag, beispielsweise im vormundschaftsgerichtlichen Verfahren, vielfach nicht die Bedeutung wie im Zivilprozeß habe. Das Gericht ist mit der ganzen Sache befaßt und kann auch über die Anträge hinausgehen. Dies kann auch für die Bestimmung des Gegenstandes der anwaltschaftlichen Tätigkeit von Bedeutung sein.

[6]) Diese Vorschriften und die in ihnen für anwendbar erklärten Bestimmungen lauten:

§ 9 GKG.

Für die Wertberechnung sind die Vorschriften der Zivilprozeßordnung §§ 3—9 und der Konkursordnung § 148 mit den nachstehenden Bestimmungen maßgebend.

Ist der Wert des Streitgegenstandes bei dem Erlasse des Urteils oder der anderweitigen Beendigung der Instanz höher als im Zeitpunkte der Erhebung der Klage oder der Einlegung des Rechtsmittels, so ist den in der Instanz entstandenen Gebühren der höhere Wert zugrunde zu legen. In der Zwangsvollstreckung ist für die Wertberechnung der Zeitpunkt der die Zwangsvollstreckung einleitenden Prozeßhandlung entscheidend.

Die in § 9 des Gerichtskostengesetzes angeführten Bestimmungen der Zivilprozeßordnung lauten:

§ 3. Der Wert des Streitgegenstandes wird von dem Gerichte nach freiem Ermessen festgesetzt; dasselbe kann eine beantragte Beweisaufnahme sowie von Amts wegen die Einnahme des Augenscheins und die Begutachtung durch Sachverständige anordnen.

§ 4. Für die Wertsberechnung ist der Zeitpunkt der Erhebung der Klage, in der Berufungs- und Revisionsinstanz der Zeitpunkt der Einlegung des Rechtsmittels entscheidend;

im Art. 15 der § 10a (jetzt § 12) GKG., obwohl diese als Ausnahme von § 5 ZPO. gedachte Vorschrift bereits durch die ZPNovelle von 1898 eingeführt worden war: man nahm wohl an, daß ein dem § 254 ZPO. entsprechender Fall bei außergerichtlicher Geltendmachung nicht vorkommen könne. Darüber kann man streiten. Jedenfalls aber wird die Nichtanführung des § 12 GKG. kaum eine praktische Bedeutung haben, da es

---

Früchte, Nutzungen, Zinsen und Kosten bleiben unberücksichtigt, wenn sie als Nebenforderungen geltend gemacht werden.

Bei Ansprüchen aus Wechseln im Sinne der Wechselordnung sind Zinsen, Kosten und Provision, welche außer der Wechselsumme gefordert werden, als Nebenforderungen anzusehen.

§ 5. Mehrere in einer Klage geltend gemachte Ansprüche werden zusammengerechnet; eine Zusammenrechnung des Gegenstandes der Klage und der Widerklage findet nicht statt.

§ 6. Der Wert des Streitgegenstandes wird bestimmt: durch den Wert einer Sache, wenn deren Besitz, und durch den Betrag einer Forderung, wenn deren Sicherstellung oder ein Pfandrecht Gegenstand des Streits ist. Hat der Gegenstand des Pfandrechts einen geringeren Wert, so ist dieser maßgebend.

§ 7. Der Wert einer Grunddienstbarkeit wird durch den Wert, welchen dieselbe für das herrschende Grundstück hat, und wenn der Betrag, um welchen sich der Wert des dienenden Grundstücks durch die Dienstbarkeit mindert, größer ist, durch diesen Betrag bestimmt.

§ 8. Ist das Bestehen oder die Dauer eines Pacht- oder Mietverhältnisses streitig, so ist der Betrag des auf die gesamte streitige Zeit fallenden Zinses und, wenn der fünfundzwanzigfache Betrag des einjährigen Zinses geringer ist, dieser Betrag für die Wertsberechnung entscheidend.

§ 9. Der Wert des Rechts auf wiederkehrende Nutzungen oder Leistungen wird nach dem Werte des einjährigen Bezugs berechnet, und zwar:

auf den zwölfundeinhalbfachen Betrag, wenn der künftige Wegfall des Bezugsrechts gewiß, die Zeit des Wegfalls aber ungewiß ist;

auf den fünfundzwanzigfachen Betrag bei unbeschränkter oder bestimmter Dauer des Bezugsrechts. Bei bestimmter Dauer des Bezugsrechts ist der Gesamtbetrag der künftigen Bezüge maßgebend, wenn er der geringere ist.

§ 148 der Konkursordnung lautet:

Der Wert des Streitgegenstandes eines Prozesses über die Richtigkeit oder das Vorrecht einer Forderung ist mit Rücksicht auf das Verhältnis der Teilungs- zur Schuldenmasse von dem Prozeßgerichte nach freiem Ermessen festzusetzen.

§ 10 GKG.

Ist das Bestehen oder die Dauer eines Pacht- oder Mietverhältnisses für einen längeren als einjährigen Zeitraum streitig, so wird der Wert auf den Betrag des einjährigen Zinses berechnet.

Bei Ansprüchen auf Erfüllung einer auf gesetzlicher Vorschrift beruhenden Unterhaltspflicht wird der Wert des Rechtes auf die wiederkehrenden Leistungen, falls nicht der Gesamtbetrag der geforderten Leistungen geringer ist, auf den Betrag des einjährigen Bezugs berechnet.

Bei Ansprüchen auf Entrichtung einer Geldrente, die nach den §§ 843, 844 des Bürgerlichen Gesetzbuchs (Reichsgesetzbl. 1896 S. 195), den §§ 3, 3a, 7 des Gesetzes, betreffend die Verbindlichkeit zum Schadensersatze für die bei dem Betriebe von Eisenbahnen, Bergwerken usw. herbeigeführten Tötungen und Körperverletzungen (Reichsgesetzbl. 1871 S. 207, 1896 S. 616), den §§ 10, 11, 13 des Gesetzes über den Verkehr mit Kraftfahrzeugen (Reichsgesetzbl. 1909 S. 437) oder den §§ 21, 22, 24 des Luftverkehrsgesetzes (Reichsgesetzbl. 1922 I S. 681) erhoben werden, wird der Wert des Rechtes auf die wiederkehrenden Leistungen, falls nicht der Gesamtbetrag der geforderten Leistungen geringer ist, auf den fünffachen Betrag des einjährigen Bezugs berechnet. Das gleiche gilt für die Berechnung des Wertes

sich regelmäßig gar nicht um eine Häufung von Ansprüchen handelt, § 5 ZPO. also ohnedies nicht zur Anwendung kommt[7]).

Die §§ 9 und 9a GKG. (die im Text der VO. noch heute stehen) sind seit 1902 mehrfach geändert worden. Sie gelten jetzt in ihrer heutigen Fassung, wobei an Stelle des § 9a der geltende § 10 getreten, § 9 durch seinen wichtigen Abs. 2 ergänzt worden ist (vgl. auch Art. III des RGes. vom 28. Januar 1927, Art. VI des Ges. vom 18. August 1923). 7

2. **Nicht angeführt** ist in Art. 15 der jetzige § 11 GKG., der von den **nicht vermögensrechtlichen** Streitigkeiten handelt. An seine Stelle tritt die Vorschrift des Abs. 3, die hier zu besprechen ist. 8

Art. 15 Abs. 3 spricht von Gegenständen, die „**einer Schätzung nach Geld nicht fähig**" sind. Diese Ausdrucksweise entspricht vollkommen der herrschenden wissenschaftlichen Begriffsbestimmung der nicht vermögensrechtlichen Streitigkeiten im Zivilprozeß, soll also durchaus nichts Abweichendes hinsichtlich des Wesens dieser Angelegenheiten bestimmen[8]). Das ergibt sich übrigens auch mit Sicherheit aus Art. 15 Abs. 3 Satz 2, wo der Ausdruck „nicht vermögensrechtlicher Anspruch" gebraucht wird.

Der Begriff der in Geld nicht schätzbaren, also nicht vermögensrechtlichen Angelegenheit im Sinne des Art. 15 Abs. 3 ist dagegen in keiner Weise identisch mit dem des „nicht schätzbaren" Gegenstandswertes im Sinne des bayer. Stempelgesetzes vom 21. Aug. 1914/16. Februar 1921: unter **diesen** Begriff fallen alle Geschäfte, bei denen der Gegenstandswert nicht nach den speziellen Bewertungsnormen des Stempelgesetzes 9

---

bei Geltendmachung der Ansprüche auf wiederkehrende Leistungen aus dem Beamten- und Arbeitsverhältnis.

Ist für die Dauer des Rechtsstreits, welcher eine Ehesache betrifft, über die Unterhaltspflicht der Ehegatten zu entscheiden, so wird der Wert des Rechtes auf Entrichtung einer Geldrente auf den halbjährigen Betrag derselben berechnet.

§ 13 GKG.

Soweit Klage und Widerklage, welche nicht in getrennten Prozessen verhandelt werden, denselben Streitgegenstand betreffen, sind die Gebühren nach dem einfachen Werte dieses Gegenstandes zu berechnen. Soweit beide Klagen nicht denselben Streitgegenstand betreffen, sind die Gegenstände zusammenzurechnen.

Das gleiche gilt für wechselseitig eingelegte Rechtsmittel, welche nicht in getrennten Prozessen verhandelt werden.

§ 14 GKG.

Für Akte, welche einen Teil des Streitgegenstandes betreffen, sind die Gebühren nur nach dem Werte dieses Teiles zu berechnen.

Sind von einzelnen Wertsteilen in derselben Instanz für gleiche Akte Gebühren zu berechnen, so darf nicht mehr erhoben werden, als wenn die Gebühr von dem Gesamtbetrage der Wertsteile zu berechnen wäre; treten für die Akte verschiedene Gebührensätze ein, so ist der höchste Satz maßgebend.

§ 15 GKG.

Für Akte, welche Früchte, Nutzungen, Zinsen oder Kosten als Nebenforderungen ohne den Hauptanspruch betreffen, ist der Wert der Nebenforderungen insoweit maßgebend, als er den Wert des Hauptanspruchs nicht übersteigt.

Für Akte der Zwangsvollstreckung wegen einer Geldforderung werden die einzuziehenden Zinsen mitberechnet.

Für Akte, welche die Kosten des Rechtsstreits ohne den Hauptanspruch betreffen, ist der Betrag der Kosten maßgebend.

[7]) Vgl. **Friedlaender** GKG. §§ 9—15 Anm. 80ff.

[8]) Vgl. **Friedlaender** GKG. §§ 9—15 Anm. 26.

bestimmt werden kann, mag es sich nun um eine vermögensrechtliche oder um eine nicht vermögensrechtliche Angelegenheit handeln [8a]).

10 Nicht in Geld schätzbar im Sinne des Art. 15 sind z. B. Adoptionssachen, Volljährigkeitserklärungen; Verfahren, die nur die Sorge der Eltern für die Person der Kinder betreffen; Personenstandssachen; Namensänderungen usw. Dagegen ist die Schwierigkeit der Schätzung einer vermögensrechtlichen Angelegenheit kein berechtigter Grund, auf Art. 15 Abs. 2 zurückzugreifen [8b]).

11 Die Bestimmung des Art. 15 Abs. 3 Satz 2 (Verbindung eines nicht vermögensrechtlichen Anspruchs mit einem aus ihm hergeleiteten vermögensrechtlichen) entspricht genau dem § 11 Abs. 2 GKG., weshalb auf die Erläuterungen der Kommentare zu dieser Vorschrift verwiesen werden kann [9]).

12 Im übrigen aber folgt Art. 15 nicht ganz dem System des § 11, wonach ein Normalstreitwert vorgeschrieben ist (mit Abweichungsmöglichkeiten nach oben und unten bis zu gewissen Grenzen); er setzt vielmehr auch für die Normalfälle einen Rahmen fest (der von 200 bis zu 50000 RM. reicht), gestattet aber, wenn das Geschäft ausnahmsweise für den Auftraggeber von besonders hoher Bedeutung ist, bis zu 100000 RM. hinaufzugehen. Während also innerhalb der Normalgrenzen bei der Wertbemessung alle Gesichtspunkte zu berücksichtigen sind, die auch im Zivilprozeß nach § 11 GKG. gelten [10]), kommt für die Erhöhung über 50000 RM. nur die besonders hohe Bedeutung der Angelegenheit für den Auftraggeber [11]) in Betracht. Auch die Summen entsprechen nicht mehr dem heutigen Stand der Reichsgesetzgebung. Führt dies zu Unbilligkeiten, so kann zwar nicht beim Gegenstandswert, aber bei der Gebührenbemessung — durch die Angemessenheitsklausel — geholfen werden.

13 Daß auch für nicht vermögensrechtliche Angelegenheiten einzelne der in Abs. 2 angeführten Vorschriften des GKG. und der ZPO. gelten (z. B. § 5 ZPO., § 9 Abs. 2 GKG.), sei besonders hervorgehoben [12]).

14 **B. Die einzelnen Vorschriften des GKG. und der ZPO. in ihrer Anwendung auf Art. 15.**

Es ist selbstverständlich nicht beabsichtigt, das ganze Streitwertrecht in seiner Anwendung auf Art. 15 hier darzustellen. Das würde ein eigenes Werk erfordern. Die Lehre vom Streitwert ist reichsrechtlich so ausführlich durchgearbeitet, daß die Anwendung der einzelnen Ergebnisse auf unsere Fälle mit Hilfe der oben gezeigten allgemeinen Gesichtspunkte möglich sein muß. Hier seien nur folgende Einzelheiten hervorgehoben:

[8a]) Vgl. v. Schmidt, Die bayer. Kosten- und Stempelgesetzgebung [2] (1922) S. 272.

[8b]) Dagegen hat Preußen, das in seinem Art. 13 (für die Urkundengebühren u. a.) das Notariatsgebührenrecht weitgehend anwendet, für solche Fälle z. T. die Bestimmungen über nichtvermögensrechtliche Angelegenheiten herangezogen (vgl. § 38 Abs. 2 u. 4, Abs. 5, ferner § 46 PrGKG.).

[9]) Vgl. Friedlaender GKG. §§ 9—15 Anm. 30ff

[10]) Friedlaender GKG. §§ 9—15 Anm. 29.

[11]) Diese Bestimmung zeigt, daß in den Fällen, in denen das Interesse bei der Bewertung eine Rolle spielt, in den nicht zivilprozessualen Angelegenheiten grundsätzlich das Interesse des Auftraggebers ausschlaggebend ist, nicht — wie es im Prozeß regelmäßig der Fall ist — das Interesse einer Partei (des Klägers, Rechtsmittelklägers usw.) oder, wie es in nicht vermögensrechtlichen Streitigkeiten der Fall sein kann, das Interesse beider Parteien. Vgl. Friedlaender GKG. §§ 9—15 Anm. 29.

[12]) Friedlaender GKG. §§ 9—15 Anm. 3, 32.

1. Als **maßgebender Zeitpunkt für die Wertberechnung** kommt einmal 15
— entsprechend § 4 ZPO. — der Auftrag, eventuell der Beginn der höheren Instanz (Einlegung des Rechtsmittels) in Betracht. Ist aber der Wert des — an sich unveränderten — Gegenstandes am Ende der „Instanz" höher als am Anfang derselben, so ist der höhere Wert maßgebend (§ 9 Abs. 2 GKG.)[13].

Zu beachten ist, daß auch der Gegenstand selbst (nicht nur sein Wert) sich ändern kann. 16
Einzelne „Geschäfte" können sich auf einen quantitativ ausscheidbaren Teil des ursprünglichen Gegenstandes beziehen, andere auf einen erweiterten Gegenstand; die einzelne Gebühr, die für dieses Geschäft bestimmt ist, wird dann aus dem jeweiligen Gegenstand berechnet. Vgl. hiezu § 14 Abs. 1 GKG.[14]).

2. Die Frage, ob die Gegenstände von Anspruch und Gegenanspruch im Sinne des 17
§ 13 GKG. identisch sind oder nicht, läßt sich nach denselben Grundsätzen wie im Prozeßrecht beantworten[15]). Aber § 13 GKG. setzt die Behandlung der beiderseitigen Ansprüche *in einem* Prozesse voraus; das gleiche gilt selbstverständlich hinsichtlich der wechselseitig eingelegten Rechtsmittel. Die analoge Anwendung bereitet keine Schwierigkeiten, wenn ein geschlossenes behördliches Verfahren vorliegt: es legen z. B. im Aufwertungsverfahren beide Teile Beschwerde ein, weil jeder nur teilweise obgesiegt hat. Hier sind bei Verschiedenheit des Gegenstandes, die meistens vorliegen wird, die beiden Werte zusammenzurechnen, wenn es z. B. in der Beschwerdeinstanz zu einem Termin über beide Beschwerden kommt[15a]).

Bei außergerichtlicher Geltendmachung von Ansprüchen hängt die Einheit des Verfahrens im wesentlichen von der tatsächlichen Gestaltung, also von dem Willen der Beteiligten ab. Vgl. hiezu auch Art. 14 Anm. 5.

3. Für die Anwendung des § 5 ZPO. gilt das eben Gesagte entsprechend. 18

4. Die Rechtssätze über die Bewertung von Haupt- und Nebenansprüchen (§ 4 ZPO., 19
§ 15 GKG.) lassen sich ohne wesentliche Schwierigkeiten auf die Fälle anwenden, in denen eine Anwendung überhaupt in Frage kommt[16]).

5. Um die Anwendung des schon oben (Anm. 16) erwähnten § 14 GKG. auf die 20
Fälle der Art. 6—13 klar zu machen, sei ein Beispiel gegeben.

Die Information bezieht sich zunächst auf 1000 RM. $^{2}/_{10}$ Gebühr = 9 RM. Sie erstreckt sich aber dann in derselben „Instanz" auf weitere 1500 RM. und da sie hier schwieriger ist, so erscheinen $^{3}/_{10}$ angemessen; $^{3}/_{10}$ aus 1500 RM. = 18 RM. Diese Informationsgebühren dürfen aber zusammen nicht mehr betragen als $^{3}/_{10}$ aus (1000 + 1500 =) 2500 RM., also 27 RM. Da sie diesem Betrage genau gleichkommen, findet eine Reduktion nicht statt. Zu beachten ist hierbei, daß als „höchster Satz" im Sinne des § 14 Abs. 2 GKG. bei Geltung von Rahmengebühren nicht der höchste *mögliche* Satz, sondern der höchste in concreto *zur Anwendung gelangende* Satz gilt: also in vorstehendem Beispiel nicht $^{5}/_{10}$, sondern $^{3}/_{10}$.

---

[13]) Im einzelnen vgl. *Friedlaender* GKG. §§ 9—15 Anm. 43ff., hinsichtlich der *Zwangsvollstreckung* s. Anm. 61ff.

[14]) *Friedlaender* GKG. §§ 9—15 Anm. 20, 21.

[15]) *Friedlaender* GKG. §§ 9—15 Anm. 68ff.

[15a]) Art. 30 BayKostGes. führt für die freiw. Gerichtsbarkeit den § 11 Abs. 2 (jetzt § 13 Abs. 2) unter den für die Gerichtskosten entsprechend anwendbaren Vorschriften ausdrücklich an.

[16]) *Friedlaender* GKG. §§ 9—15 Anm. 93—117, 124ff. Vgl. dazu PrGKG § 19 Abs. 2.

21 6. Die Bestimmung des Gegenstandswertes nach freiem Ermessen, wie sie nach § 3 ZPO. erfolgen soll, ist nur dann zulässig, wenn nicht die Ausnahmebestimmungen des Gesetzes Platz greifen.

Dies ist vor allem, wie sich mittelbar aus § 6 ZPO. ergibt, der Fall, wenn es sich um eine bestimmte Geldsumme handelt[17]). Das gilt nicht nur bei Ansprüchen, sondern auch z. B. bei der Bargründung einer Aktiengesellschaft.

22 Eine weitere wichtige Ausnahmebestimmung ist die des § 6 ZPO. selbst. Bildet das Eigentum (das auch bei unmittelbarer Anwendung der Vorschrift dem Besitz gleich gestellt wird[18]), z. B. den Gegenstand eines Kaufvertrages, so ist der Verkehrswert der Sache maßgebend ohne Rücksicht auf Belastung und Gegenleistung (wenn auch regelmäßig der Kaufpreis mangels besonderer Umstände den besten Anhaltspunkt für die Bewertung geben wird)[18a]). Wird eine Hypothek bestellt, so entscheiden nicht die Regeln über das Pfandrecht (was zu einer geringeren Bewertung führen würde, wenn der Wert des Grundstücks den der Forderung nicht erreichte), sondern die Regeln über Sicherstellung einer Forderung, so daß der Betrag der Hypothek unbedingt maßgebend ist. — Bei Tauschverträgen werden nicht die Werte der vertauschten Objekte zusammengerechnet, sondern lediglich das wertvollere zugrunde gelegt; die Hingabe des Tauschgegenstandes ist ja nur die Gegenleistung für die Veräußerung des anderen Objekts. So ausdrücklich: PrGKG. § 38 Abs. 1 S. 2.

23 Für Grunddienstbarkeiten gilt § 7 ZPO., für Miet- und Pachtverhältnisse § 8 ZPO. mit § 10 Abs. 1 GKG. Hat der RA. z. B. einen Mietvertrag mit 10jähriger Dauer auszuarbeiten, so kommt § 10 Abs. 1 GKG. zur entsprechenden Anwendung: wie im Prozeß der einjährige Zins den Streitwert bestimmt, wenn das Bestehen oder die Dauer des Mietverhältnisses für längere Zeit als ein Jahr den Streitgegenstand bildet, so bestimmt sich der Gegenstandswert nach dem einjährigen Zins, wenn den Gegenstand der anwaltschaftlichen Tätigkeit die Gestaltung eines Mietvertrags mit längerer als einjähriger Dauer bildet[19]).

24 Entsprechendes gilt, wenn gesetzliche Unterhaltsbeiträge vertragsmäßig festgelegt werden (analoge Anwendung von § 10 Abs. 2 GKG.), wogegen Verträge, durch welche die Verpflichtung zur Leistung von Unterhaltsbeiträgen erst geschaffen wird, nach § 9 ZPO. zu bewerten sind.

25 Erst wenn eine sinngemäße Anwendung der Ausnahmevorschriften (§§ 4—9 ZPO., §§ 10—15 GKG., § 148 KO.) nicht möglich erscheint, darf auf die allgemeine Bestimmung über die Festsetzung des Gegenstandswerts nach freiem Ermessen zurückgegriffen werden.

---

[17]) Näheres bei Friedlaender GKG. §§ 9—15 Anm. 34.

[18]) Friedlaender GKG. §§ 9—15 Anm. 145.

[18a]) Vgl. (auch für den Fall bloßer Vormerkung des Eigentums): BayObLGZ. 28, 556. Ebenso wenn der Vertragsgegner des Mündels die vormundschaftsgerichtliche Genehmigung eines Grundstückskaufes betreibt (Friedlaender-Kraemer, Vorb. zu Art. 8 bis 12 Anm. 9). Die völlig verfehlte Entsch. des KG. JW. 1930, 1083[6], die mit einer jahrzehntelangen Praxis zu brechen sucht, kann hier nicht näher besprochen werden. Vgl. dazu Jonas JW. 1930, 1513[9].

[19]) Ebenso BayObLG. 21. Nov. 1925 AZ. 55/25; Merzbacher[2] Art. 12 Anm. 1 Abs. 1. Der Verfasser hat denselben Standpunkt in einer Entsch. eingenommen, die er als Schiedsrichter zu fällen hatte; er hat aber dann, da es sich um eine besonders wichtige, verantwortungs- und mühevolle Tätigkeit (bei einem Pachtvertrag auf 25 Jahre) handelte, die Angemessenheitsklausel zur Anwendung gebracht.

Soweit es sich um die Geltendmachung von Ansprüchen, um die Feststellung von Rechtsverhältnissen oder um Rechte handelt, die nach Analogie dieser Fälle behandelt werden können, mag die Geltendmachung außeramtlich oder vor Behörden (z. B. der freiwilligen Gerichtsbarkeit) erfolgen, bereitet die Anwendung des § 3 ZPO. keine Schwierigkeiten. Hier ist im Zweifel das Interesse desjenigen, der den Anspruch geltend macht oder die Feststellung begehrt, maßgebend[20]).

In den Fällen der Rechtsgestaltung dagegen, insbesondere bei den Geschäften des 26 Art. 12 (Urkundengebühr) ist, wie wir oben (Anm. 5) gesehen haben, der Gegenstand identisch mit dem zu schaffenden Rechtsverhältnis. Der Wert des Gegenstandes kann also auch nur der Wert dieses Rechtsverhältnisses sein und dieser wird regelmäßig keineswegs durch das Interesse des Auftraggebers an der Schaffung des Rechtsverhältnisses bestimmt, sondern durch andere Momente. Der Wert des Gesellschaftsvertrags ist nicht identisch mit dem Interesse des einzelnen Gesellschafters an seinem Abschluß, er wird vielmehr durch das darin investierte Gesamtkapital bestimmt oder nach unten begrenzt[21]). Hat dagegen der Anwalt nur den Beitritt seines Klienten zu einer Gesellschaft herbeizuführen, über diesen zu verhandeln und einen Vertrag darüber abzuschließen, so ist allerdings auch der Wert des Gegenstands durch die Höhe der Beteiligung eingeschränkt.

7. Zuweilen entsteht — insbesondere wenn es sich um die Mitwirkung bei Rechts- 27 geschäften handelt — die Frage, ob als Grundlage der Bewertung nur ein „Gegenstand" vorliegt oder eine Mehrheit von Gegenständen und wie diese gegebenenfalls zueinander in Beziehung zu setzen sind. Das Problem, das nicht zu verwechseln ist mit dem der Einheit oder Mehrheit von „Angelegenheiten" (Art. 14 Anm. 4ff.) ergibt sich z. B., wenn ein Pachtvertrag gleichzeitig ein Vorkaufsrecht enthält, wenn ein Dienstvertrag mit einem Mietvertrag, ein Gesellschaftsvertrag mit einem Anstellungs(Dienst-)Vertrag kombiniert ist; ferner bei Beurkundung eines Kaufvertrages mit gleichzeitiger Abtretung der Kaufgeldforderung des Verkäufers oder des Herausgabeanspruchs des Käufers, bei Abtretung einer Hypothekforderung mit gleichzeitiger Vereinbarung neuer Zins- und Zahlungsbestimmungen mit dem Schuldner usw.

Preußen hat auch für diese Fälle im § 39 Abs. 1 seines GKG. eine Spezialbestimmung, 28 die lautet: „Werden in einer Verhandlung mehrere Erklärungen beurkundet, die denselben

[20]) Bei Wahrnehmung einer Generalversammlung ist z. B. das unmittelbare Interesse des Auftraggebers maßgebend: OLG. 17, 224 (KG.). Vgl. ferner ObLGZ. 23 (1924), 196 (Gegenstand der Beschw. war die Ablehnung der Einleitung einer Pflegschaft. Maßgebend also das Interesse, das der Beschwerdeführer an dieser Einleitung hatte; dabei ist das Ziel der Pflegschaft, hier Übertragung eines Anwesens, zu berücksichtigen); ObLGZ. 23 (1924), 249 (bei einer Beschwerde gegen Eintragung eines Widerspruchs zum Schutz des Anspruchs des Hypothekgläubigers auf Wiedereintragung einer aufzuwertenden Hypothek ist das Interesse maßgebend, das der Anwesensbesitzer an der Löschung des Widerspruchs hat). Beachtlich auch: ObLGZ. 25 (1926), 148 (Schuldnerin beantragte Vollzug einer Löschungsbewilligung bezüglich einer Papiermarkhypothek. Die Rückzahlung war in der Rückwirkungszeit erfolgt. Also handelte es sich gar nicht um den Bestand des Hypothekrechts. Als maßgebend wurde das Interesse an dem Vollzug der Löschung erachtet. Da dieser die Rechtslage des Schuldners nicht wesentlich verbesserte, wurde nur ein ganz geringer Streitwert — 100 RM. — angenommen).

[21]) Vgl. ObLGZ. 22, 245; KGJ. 52, 249; JFGErg. 3, 231. Weitere Beispiele aus der preuß. Praxis bei Friedlaender-Kraemer Art. 13 Anm. 95, 96. Vgl. auch Bay. ObLGZ. 24, 262 (Wert einer Vereinbarung über das Recht, ein Anwesen in ferner Zukunft zu erwerben, bestimmt sich nicht nach dem gegenwärtigen, sondern demjenigen Wert, den das Anwesen bei Ausübung des Rechtes haben wird).

Gegenstand haben, so wird die Gebühr nur einmal von dem Werte dieses Gegenstandes nach dem höchsten in Betracht kommenden Gebührensatze berechnet." Die preußische Rechtsprechung nimmt Vorliegen desselben Gegenstandes an, wenn „die Sache oder Leistung, deren Wert der Gebührenberechnung zugrunde zu legen ist, bei den mehreren Erklärungen dieselbe ist."[22]). Aber diese Gesetzesbestimmung ist positives preußisches Recht (das ja überhaupt durch die Heranziehung des Notariatsgebührenrechts die ganze Materie eingehendst geregelt hat) und kann keineswegs als ein bloßer Ausdruck dessen gewertet werden, was sich ohnedies aus der Natur der Sache ergeben würde. Die Frage muß also selbständig untersucht werden.

29 Das bürgerliche Recht unterscheidet gewisse Typen von Rechtsgeschäften, die z. T. durch die Rechtstatsachen des Lebens noch umgestaltet, erweitert, vermehrt worden sind: Kaufverträge, Mietverträge, Gesellschaftsverträge, Dienst- und Werkverträge, Versicherungsverträge, Anwaltsverträge und viele andere. Jeder dieser Vertragstypen hat seine notwendigen oder doch im Einzelfalle als zu dieser Vertragsart gehörig erkennbaren Bestandteile. Die Vereinbarung des Kaufpreises gehört zum Kaufvertrage, die Bestimmungen über die Verzinsung und Rückzahlung der gestundeten Kaufpreisteile ebenfalls (obwohl es sich bei den letzteren Bestimmungen um keine unentbehrlichen Bestandteile des Kaufvertrags handelt); wenn aber gleichzeitig der Verkäufer seine Kaufpreisforderung an einen Dritten abtritt, so hat diese Vereinbarung mit dem Kaufvertrag, aus dem die Forderung entstanden ist, begrifflich nichts zu tun, mag auch wirtschaftlich ein enger Zusammenhang zwischen beiden Rechtsgeschäften bestehen. Es liegt eine Kombination zweier Rechtsgeschäfte vor; sie stehen vielleicht auch in rechtlichem Zusammenhang, aber es sind begrifflich zwei Rechtsgeschäfte. Sie müssen daher auch einzeln bewertet werden; die Werte sind zusammenzurechnen. Dasselbe gilt bei der Abtretung des Herausgabeanspruchs und in dem letzten der oben angeführten Beispiele.

30 Beim Gesellschaftsvertrag sind alle gesellschaftsrechtl. Modalitäten Bestandteil des Gesellschaftsvertrages und wenn ein Gesellschafter als solcher Verpflichtungen übernimmt und Rechte erwirbt, die sonst den Gegenstand eines Dienstvertrages bilden können, so ist diese Vereinbarung doch Bestandteil des Gesellschaftsvertrages und kein eigenes Rechtsgeschäft. Werden dagegen Gesellschaftsvertrag und Dienstvertrag nur in einer Urkunde vereinigt, so handelt es sich um zwei Rechtsgeschäfte, mag auch der wirtschaftliche und rechtliche Zusammenhang unverkennbar sein, sofern nur keine gesellschaftliche Bindung hinsichtlich des Dienstverhältnisses vorliegt.

31 Nach dem Gesagten bilden auch Vorkaufsrecht (oder Verkaufsverpflichtung) und Pachtvertrag verschiedene Rechtsgeschäfte. Wenn dagegen der Käufer eines Hauses sich im Kaufvertrage verpflichtet, dem Verkäufer eine Wohnung in diesem Hause noch auf gewisse Zeit zu überlassen, so kann die Sachlage eine verschiedene sein. Stellt diese Überlassung einen Teil des Kaufpreises dar, so kommt sie insoweit für eine Sonderbewertung nicht in Betracht. Soweit aber Mietzins vereinbart wird, handelt es sich um einen mit dem Kaufvertrag kombinierten Mietvertrag, der besonders bewertet werden darf.

32 Zu den sogenannten gemischten Vertägen gehört z. B. die Anstellung eines Hausmeisters mit Portierwohnung. Hier hat der eine Teil Dienste zu leisten, der andere eine Wohnung zur Verfügung zu stellen und eventuell einer von beiden Teilen noch eine fort-

---

[22]) Friedlaender-Kraemer Art. 13 Anm. 110 mit vielen Beispielen und Nachweisungen aus der preuß. Rechtsprechung.

laufende Geldzahlung zu leisten. Hier liegt ein einziges Rechtsgeschäft vor, das aber die Bestandteile verschiedener Vertragstypen enthält. Für die Bewertung kann es also fraglich werden, ob die für den einen oder den andern Typus maßgebende Bewertungsnorm (z. B. § 10 Abs. 1 GKG. einerseits, § 3 ZPO. andererseits) zur Anwendung kommt. In solchen Fällen kommt es darauf an, welcher Vertragstypus den Hauptinhalt des Geschäftes bestimmt[23]).

C. Der Gegenstandswert im Aufwertungsverfahren. 33

Für das Verfahren vor der Aufwertungsstelle und das Beschwerdeverfahren bestimmt Art. 129 Abs. 1 DurchfVO. zum AufwGes. vom 29. Nov. 1925 (RGBl. I 392) folgendes:

Die Gebühr im Aufwertungsverfahren ist nach dem Werte des Streitgegenstandes zu erheben. Der Wert des Streitgegenstandes wird von der Aufwertungsstelle unter Berücksichtigung der gestellten Anträge nach seinem Ermessen festgesetzt.

Diese Vorschrift, die sich zunächst nur auf die Gerichtsgebühren bezieht, weicht von den Bestimmungen des GKG. und der ZPO. insofern ab, als sie die Ausnahmen von dem freien Ermessen, das hier wie dort bei der Streitwertbestimmung waltet, nicht übernommen hat[23a]). Daß die „Berücksichtigung" der gestellten Anträge vorgeschrieben wird, begründet noch keine Einschränkung des freien Ermessens, das ja ohnedies zwar „frei", aber nicht willkürlich gehandhabt werden darf. Eine Bindung an die Anträge schreibt die DurchfVO. nicht vor. Wohl aber befreit sie das Ermessen des Gerichts von all den Bindungen, die die §§ 4—9 ZPO. und die §§ 9—15 GKG. enthalten, so daß selbst das auf Feststellung eines Anspruchs in Höhe von x RM. gerichtete Verfahren der ziffernmäßigen Herabsetzung nach freiem Ermessen (z. B. wegen späterer Fälligkeit) ausgesetzt ist.

Es ist nun lebhaft bestritten, ob die Vorschrift der DurchfVO. auch für die Kosten der RA. gilt, die sich ja im Aufwertungsverfahren nach Landesrecht, in Bayern also nach der RpflVO., bestimmen. In der Tat ist auch für Bayern die Rechtslage nicht klar. Art. 27 Abs. 1 RpflVO. erklärt die §§ 11, 12 RAGebO. für entsprechend anwendbar. § 11 lautet: „Die für die Berechnung der Gerichtsgebühren maßgebende Festsetzung des Wertes ist für die Berechnung der Gebühren der Rechtsanwälte maßgebend." § 12 gewährt im Anschluß hieran dem RA. die Beschwerde gegen den Wertfestsetzungsbeschluß im eigenen Namen. 34

Nun ist zu beachten, daß in Art. 15 RpflVO. nur die Vorschriften des GKG. über den Streitwert (und damit die in § 9 GKG. angezogenen Bestimmungen der ZPO. und KO.) für anwendbar erklärt sind, nicht aber Art. 129 der DurchfVO. zum AufwGesetz, und es ist ferner zu beachten, daß diese reichsrechtliche Bestimmung nicht eine Abänderung des GKG. für das eigentliche Geltungsgebiet des GKG. (vgl. § 1 dieses Gesetzes), sondern lediglich eine Streitwertbestimmung für die an sich landesrechtlich zu normierenden Gerichtsgebühren enthält. Die RpflVO. geht also davon aus, daß der Streitwert nach denjenigen Normen festgesetzt wird, denen sie selbst ihre Gebührenvorschriften angepaßt hat und das sind eben die des GKG. Wird der Streitwert nach ganz anderen Gesichtspunkten bestimmt, so paßt das ganze Gebühren-System der RpflVO. nicht mehr dazu; die Gebührensätze können ungerecht, ja untragbar werden, wenn z. B. die festen Normen der §§ 6ff. ZPO., die einen gewissen Schutz der Anwaltschaft gegen allzu „freies" Ermessen bieten, ausgeschaltet werden. Es ist ja auch sonst unbestritten, daß die Streitwertfestsetzung

[23]) Vgl. RG. JW. 1907, 705[8]; Förster-Kann ZPO.[3] 1, 68; OLG. 40, 345 (Hamm).
[23a]) Vgl. z. B. ObLGZ. 25 (1926), 157.

trotz § 11 RAGebO. für die Anwaltsgebühren nicht maßgebend ist, wenn sie hinsichtlich der Gerichtskosten nach anderen Grundsätzen zu erfolgen hat als für die Anwaltskosten[24]). Wenn z. B. sonst für die freiwillige Gerichtsbarkeit in einzelnen Ländern kraft Landesrechts ganz andere Bewertungsvorschriften gelten als die des GKG., so unterliegt es doch auch keinem Zweifel, daß trotz der der BayRpflVO. entsprechenden Bestimmungen der meisten LGebO.en keine Bindung der Anwaltsgebühren an den gerichtlich festgesetzten Streitwert eintritt.

35 Allein die Praxis, insbesondere die des bay. obersten Landesgerichts[25]) hat sich auf den gegenteiligen Standpunkt gestellt und damit wird auch für die fernere Dauer der Geltung des Aufwertungsgesetzes zu rechnen sein. Ich unterlasse es daher, an dieser Stelle die Einzelheiten der Streitwertbestimmung, wie sie sich nach unserer Ansicht zu gestalten hätte, darzustellen und verweise in dieser Beziehung auf die ausführlichen Erörterungen bei Friedlaender-Kraemer, PrLGebO.[26]), Vorb. zu Art. 8—12 Anm. 11 und (speziell für Bayern) bei Berolzheimer BayZ. 1926, 265ff.

36 Entsprechend der von ihm angenommenen Bindung des RA. an die gerichtliche Wertfestsetzung gewährt das BayObLG. ihm auch das selbständige Beschwerderecht nach § 12 RAGebO. mit Art. 27 RpflVO., das übrigens auch (trotz § 568 Abs. 3 ZPO.) für die weitere Beschwerde gilt[27]).

37 Folgt man der Praxis des BayObLG., so erscheint es mir folgerichtig auch in den Fällen, in denen gar keine gerichtliche Wertfestsetzung stattfindet, z. B. bei rein außergerichtlicher Beratung, den Art. 129 Abs. 1 DurchfVO. zum AufwGes. als materielle Streitwertnorm anzuwenden. Die Bestimmung des Streitwertes nach freiem Ermessen muß eben dann im Kostenprozesse des Anwalts gegen den Klienten durch das Prozeßgericht erfolgen.

Artikel 16.

Eine Gebühr kann nicht beansprucht werden für die mit der Erledigung eines Geschäfts verbundenen Nebengeschäfte und für die zur Vorbereitung eines Geschäfts erforderliche Tätigkeit, soweit nicht eine Gebühr hiefür besonders bestimmt ist. Insbesondere kann hienach eine Gebühr nicht beansprucht werden für das Entwerfen einer dem Rechtsanwalt oder von dem Rechtsanwalte zu erteilenden Vollmacht, für das Entgegennehmen von Zustellungen sowie für Vermerke zu den Handakten des Rechtsanwalts, wenn sie nur den Zweck haben, Aufschluß über seine Tätigkeit und über den Stand der Sache zu geben.

1 Das Wesentlichste, was zu Art. 16 zu sagen ist, wurde bei Art. 13 (vgl. Anm. 5 dortselbst) bereits vermerkt. Es ist nochmals zu betonen, daß Art. 16 nur für den Fall gilt, daß das Hauptgeschäft, das mit einer der Gebühren der Art. 6 bis 12 belegt ist, mindestens bis zur Erfüllung der gesetzlichen Voraussetzungen des Gebührenanfalls durchgeführt ist. Nur dann entfallen die Gebühren für Neben- oder Vorbereitungsgeschäfte. Das gilt, wie

---

[24]) Vgl. etwa aus neuester Zeit: M. Friedlaender JW. 1930, 1015[10].

[25]) BayObLGZ. 25 (1926), 438.

[26]) Dort auch die Rechtsprechung und Literatur bis 1928. Vgl. insbes. Emmerich JW. 1927, 361; Heß JW. 1927, 836; Carlebach JW. 1927, 964.

[27]) BayObLGZ. 25, 438.

die Fassung der Bestimmung („hienach") zeigt, sogar von den in Art. 16 Abs. 2 besonders erwähnten Nebentätigkeiten.

2 Wenn also z. B. ein Vergleich infolge Mitwirkung des RA. zustande kommt, so kann er keine Gebühr liquidieren für die den Vergleich vorbereitenden Konferenzen, mündlichen Verhandlungen, Telephongespräche; wohl aber für sachliche Auseinandersetzungen in Briefen an den Gegner, auch wenn sie dem Vergleiche dienen, weil hier die besondere Briefgebühr des Art. 9 eingreift. Es ist der von Art. 16 erwähnte Fall, daß „eine Gebühr" für das Vorbereitungs- oder Nebengeschäft „besonders bestimmt ist". Das kann z. B. auch für die Hebegebühr zutreffen. Auch jene zuerst erwähnte Tätigkeit (Konferenzen usw.) kann aber, wenn der Vergleich scheitert, gebührenpflichtig sein nach Art. 13 (vgl. Art. 13 Anm. 7).

Einer weiteren Erläuterung wird die Vorschrift nicht bedürfen.

Vorbemerkungen zu Art. 17 bis 23.

1 1. Die Art. 17—23 behandeln ein besonderes Rechtsgebiet, nämlich die Zwangsversteigerung und Zwangsverwaltung und einiges, was damit innerlich zusammenhängt. Sie sind in mehrfacher Beziehung aus den übrigen Vorschriften der RpflVO. herausgehoben (vgl. z. B. Art. 1 Nr. 1, Art. 27 Abs. 2).

2 2. Es handelt sich in diesen Fällen um in sich geschlossene Verfahren eigener Art, weshalb die VO. hier das System der Pauschgebühren allgemein durchgeführt hat (vgl. Art. 27 Abs. 2, Motive zu Art. 17 bis 21)[1].

3 3. Die Sondervorschriften der Art. 17ff. sollen aber nur dann gelten, wenn der Auftrag des Vertreters — dem nach § 4 RAGebO. mit Art. 27 RpflVO. der Beistand gleichsteht — sich auf das ganze Verfahren, soweit es z. Z. der Auftragserteilung noch nicht erledigt ist, erstreckt. Bei Einzelaufträgen kommen gemäß Art. 25 RpflVO. auch hier die Bestimmungen der Art. 6—16 zur Anwendung.

4 Ferner ist zu beachten, daß die VO. nur die Vertretung Beteiligter (und die ihnen gewährte Beistandsleistung) betrifft, während die Vertretung usw. anderer Personen gleichfalls nach Art. 6—16 vergütet wird. Der Begriff der Beteiligung ergibt sich aus dem ZVG.

5 4. Die Art. 17—21 setzen die Geltung des ZVG. voraus[2]) und dieses tritt, soweit es nicht die Schiffe betrifft, für jeden Grundbuchbezirk erst mit dem Zeitpunkt in Kraft, in dem das Grundbuch als angelegt anzusehen ist (§ 1 EGZVG.). Letzteres ist in ganz Bayern der Fall[3]). Die Frage, ob Art. 17ff. anwendbar sind, kann gleichwohl auch für den bayerischen RA. praktisch werden: wenn er nämlich in einem Zwangsversteigerungs- oder Zwangsverwaltungsverfahren tätig wird, das außerhalb Bayerns[4]) in einem Bezirk ohne Grundbuchanlage anhängig ist. Die analoge Anwendung der Art. 17ff. ist aber in solchen Fällen auch dann nicht zulässig, wenn das Verfahren in den gebührenrechtlich relevanten Beziehungen dem des ZVG. so ähnlich ist, daß eine sinngemäße Anwendung möglich wäre. Denn wenn ein Fall der Art. 17—23 mangels Grundbuchanlage nicht vorliegt, so greift Art. 1 Nr. 1 ein[5]).

6 5. Die Zwangsvollstreckung in das unbewegliche Vermögen und in Berechtigungen, für welche die auf Grundstücke bezüglichen Bestimmungen gelten, vollzieht sich auf dreierlei Art:

durch Zwangsversteigerung, durch Zwangsverwaltung und durch Eintragung einer Sicherungshypothek.

---

[1]) JMBl. 1902, 469.
[2]) Motive JMBl. 1902, 481.
[3]) Steiner, Zwangsversteigerung und Zwangsverwaltung[4] (1929) 471. — Ebenso in Preußen (Bek. 2. Dez. 1925, prGS. 175).
[4]) Allg. Einl. Anm. 28.
[5]) Vgl. Art. 1 Anm. 11.

Alle drei Formen der Zwangsvollstreckung unterstehen gebührenrechtlich dem Landesrecht: die beiden ersten kraft ausdrücklicher Vorschrift des § 31 Abs. 2 RAGebO. und unbestrittenermaßen, die dritte Form nach richtiger Ansicht ebenfalls[6]). Von dieser wird bei Art. 27 näher die Rede sein (s. dort Anm. 32ff.). Die Art. 17—23 handeln nicht nur von Zwangsvollstreckungen, sondern auch von Zwangsversteigerungen usw. anderer Art und gewissen Verteilungsverfahren.

Artikel 17.

Für die Vertretung eines Beteiligten im Verfahren der Zwangsversteigerung erhält der Rechtsanwalt drei Zehnteile der vollen Gebühr

1. für die Vertretung bis zur Einleitung des Verteilungsverfahrens,
2. für die Vertretung im Verteilungsverfahren.

Für die Vertretung des Antragstellers bis zur Einleitung des Verteilungsverfahrens erhält der Rechtsanwalt statt der im Abs. 1 Nr. 1 bestimmten Gebühr vier Zehnteile der vollen Gebühr, wenn er einen Antrag auf Zwangsversteigerung gestellt oder einen Versteigerungstermin wahrgenommen hat; hat er einen solchen Antrag gestellt und einen Versteigerungstermin wahrgenommen, so erhält er sechs Zehnteile der vollen Gebühr.

Für die Vertretung eines anderen Beteiligten bis zur Einleitung des Verteilungsverfahrens erhält der Rechtsanwalt statt der im Abs. 1 Nr. 1 bestimmten Gebühr, wenn er einen Versteigerungstermin wahrgenommen hat, vier Zehnteile der vollen Gebühr.

Drei Zehnteile der vollen Gebühr erhält der Rechtsanwalt auch dann, wenn unter seiner Mitwirkung eine außergerichtliche Verteilung stattfindet; auf diese Gebühr wird die Gebühr für die Vertretung im Verteilungsverfahren angerechnet.

Übersicht.

1 **I. Die Anwendungsfälle.**

Die VO. spricht — ebenso wie die meisten anderen LGebO.en — kurzweg von dem Verfahren der Zwangsversteigerung. Gemeint ist die Liegenschaftsversteigerung, wie sie das ZVG. regelt.

---

[6]) Vgl. Walter-Joachim-Friedlaender[8] § 23 Anm. 53 und aus neuer Zeit: OLG. Celle BurBl. 1929, 241. A. M. z. B. Baumbach RKostGes.[3] § 23 RAGebO. Anm. 19A mit ZPO.[4] § 86 Anm. 1. Maßgebend ist m. E., daß das Verfahren der Eintragung sich im wesentlichen nach der GBO. richtet. Uns. M. auch die Motive zu Art. 28, JMBl. 1902, 488.

In Betracht kommen folgende Fälle:

A. Die Zwangsversteigerung in Fällen der Zwangsvollstreckung.

1. Die Zwangsversteigerung von Grundstücken. Hierher gehört auch die ZVerst. in Bruchteile eines Grundstücks (§ 864 Abs. 2 ZPO.) und in das (in Bayern noch bestehende) Stockwerkseigentum[1]). 2

2. Die Zwangsversteigerung von Berechtigungen, für welche die auf Grundstücke bezüglichen Vorschriften gelten. Das sind (kraft Reichsrechts) die Erbbaurechte (§ 1017 BGB.; §§ 11, 24, 28, 31, 38 ErbbauVO. 15. Jan. 1919), ferner (nach Landesrecht) das Bergwerkseigentum und die unbeweglichen Kuxe (Art. 44, 45, 286 Abs. 2 BergGes.), das Fischereirecht (Art. 9 ff. Fischereiges. 15. Aug. 1908, Art. 207 Wasserges. 23. März 1907), die Realgewerbeberechtigungen[2]), die Nutzungsrechte der Verbände, die Art. 164 EGBGB. bezeichnet, und die an einzelnen Teilen eines Gebäudes in der Pfalz bestehenden Rechte gemäß Art. 19 Abs. 2 des Ges. vom 1. Juli 1898[3]). 3

3. Die Zwangsversteigerung von Hochseekabeln (§§ 1, 24 des Kabelpfandges. vom 31. März 1925, RGBl. I 37). 4

4. Die Zwangsversteigerung von Schiffen, die im Schiffsregister eingetragen sind (§ 864 Abs. 1 ZPO.). 5

B. Die Zwangsversteigerung außerhalb der Fälle der Zwangsvollstreckung[4]). 6

1. Die ZVerst. auf Antrag des Konkursverwalters (§ 172 ZVG.).

2. Die ZVerst. eines Nachlaßgrundstücks in den Fällen der §§ 175 ff. ZVG.

3. Die ZVerst. behufs Gemeinschaftsaufhebung (§§ 180 ff. ZVG.). Hierher gehört die Aufhebung einer Gütergemeinschaft, Erbengemeinschaft usw.

Dazu kommen dann noch die in Art. 22 besonders angeführten bergrechtlichen Fälle der Art. 44—51 des BayAGZVG.

II. Die an der Zwangsversteigerung Beteiligten. 7

1. Beteiligt an der Zwangsversteigerung von Grundstücken im Wege der Zwangsvollstreckung sind:

a) der betreibende und der beigetretene Gläubiger (§ 9 ZVG.). Wird die Forderung des Gläubigers auf einen anderen übertragen, so kann dieser erst nach Erwirkung und Zustellung einer neuen Vollstreckungsklausel das Verfahren seinerseits weiter betreiben;

b) der Schuldner, d. h. der z. Z. der Anordnung der ZVerst. als Eigentümer im Grundbuch Eingetragene oder dessen Erbe (§ 17 ZVG.). Auch der Ehemann einer im gesetzlichen Güterstand lebenden Ehefrau ist bei der Vollstreckung in das eingebrachte Gut nach der herrschenden Meinung Beteiligter[5]).

---

[1]) Vgl. Steiner, Zwangsverst. und Zwangsverw.[4] 13.

[2]) Z. B. Apothekergerechtsame, Kaminkehrer-, Wirtschaftsgerechtsame: Näheres bei Steiner a. a. O. 13.

[3]) Die 4 zuletzt genannten Arten von Berechtigungen (Fischereirecht usw.) jedoch nur, wenn sie nicht mit dem Grundstückseigentum verbunden sind („nicht radizierte" Berechtigungen). Vgl. Steiner 13, 15.

[4]) Sie kann sich ebenfalls nicht nur auf Grundstücke, sondern auch auf Schiffe, die Berechtigungen usw. beziehen.

[5]) Steiner a. a. O. 40 (§ 9 Anm. 2a). — Wird die Zwangsvollstreckung gegen den Konkursverwalter betrieben, so tritt dieser an die Stelle des Schuldners. Vgl. im einzelnen: Steiner § 9 Fußnote 1.

8 c) die Bank für Industrieobligationen gemäß § 4 DurchVO. vom 20. Juli 1928, RGBl. II 533[5a]), und die deutsche Rentenbank bei Vollstreckung in ein Grundstück, das mit einer Rentenbankgrundschuld belastet ist: VO. vom 15. Okt. 1923 (RGBl. I 963) mit § 42 AusfVO. $\frac{\text{14. Nov. 1923}}{\text{17. Dez. 1923}}$ (RGBl. I 1092, 1243);

9 d) die zur Zeit der Eintragung des Vollstreckungsvermerks im Grundbuch eingetragenen Berechtigten, also insbesondere die Hypothek-, Grund- und Rentenschuldgläubiger, die Inhaber einer Grunddienstbarkeit, eines Nießbrauchs oder dinglichen Vorkaufsrechts, Miteigentümer und diejenigen, für die ein Pfand- oder Nießbrauchsrecht an einem eingetragenen Rechte eingetragen ist; dann aber auch alle diejenigen, deren (persönliche oder dingliche) Rechte durch eine Eintragung (Vormerkung, Widerspruch, Veräußerungsverbot usw.) gesichert sind[6]);

10 e) diejenigen, welche ein der Zwangsvollstr. entgegenstehendes Recht,[7]) ein Recht an dem Grundstück oder an einem dasselbe belastenden Rechte, einen Anspruch mit dem Rechte auf Befriedigung aus dem Grundstücke oder ein Miet- oder Pachtrecht, auf Grund dessen ihnen das Grundstück überlassen ist, bei dem Vollstreckungsgericht (in Bayern: beim Notar) anmelden und auf Verlangen des Gerichts (in Bayern: des Notars) oder eines Beteiligten glaubhaft machen.

Unter den vier hier (sub e) aufgeführten Kategorien sind besonders wichtig: die an erster Stelle genannten Widerspruchsrechte (namentlich wegen Eigentums eines Dritten an Zubehörstücken), dann die zur zweiten Kategorie gehörigen Rechte des nicht eingetragenen Berechtigten (z. B. bei gelöschten, aber aufzuwertenden Hypotheken, bei Eigentümergrundschulden, die noch auf den Namen des Gläubigers stehen usw.); die unter die dritte Kategorie gehörigen Ansprüche aus § 10 Nr. 1—3 ZVG. (öffentliche Lasten, Steuern usw.) und die Mieter und Pächter, denen das Grundstück überlassen ist (nicht Untermieter und Unterpächter).

11 2. Beteiligt an der Zwangsversteigerung in die in Anm. 3 bezeichneten Berechtigungen im Wege der Zwangsvollstreckung sind die entsprechenden Personen, wie bei der ZwVerst. eines Grundstückes; also der Gläubiger, der Schuldner, die in Anm. 9 und 10 bezeichneten Personen usw. Bei der Zwangsvollstr. in ein Erbbaurecht gilt auch der Grundstückseigentümer als beteiligt (§ 24 ErbbaurechtsVO.), bei der ZwVerst. eines unbeweglichen Kuxes: die Gewerkschaft, auch wenn sie eine Forderung nicht angemeldet hat (Art. 40 AGZVG.).

12 3. Bei der Zwangsversteigerung eines Schiffes im Wege der Zwangsvollstreckung sind beteiligt:

[5a]) Jetzt aufgehoben nach DurchfVO. vom 30. Juni 1930. RGBl. II 949, § 4 RGes. 4. Juni 1930, RGBl. II 783.

[6]) Über Einzelheiten vgl. die Kommentare zum ZVG., z. B. Steiner § 9 S. 40ff. Die Gläubiger der der Aufwertung unterstehenden gelöschten Rechte sind ohne weiteres „beteiligt", wenn für sie ein Widerspruch im Grundbuch eingetragen ist; sonst nur, wenn sie nach § 9 Nr. 2 ZVG. ihre Rechte angemeldet haben (obwohl die Zuziehung des Gläubigers des gelöschten Rechts auch in anderen Fällen gemäß JMEntschl. vom 7. Dez. 1925 erfolgen soll). Für den aufwertungsberechtigten Zedenten gelten dieselben Grundsätze. Vgl. Reinhard, Einfl. der neuen Ges. auf ZVerst. und ZVerw.[2] 39; JW. 1926, 210[3] (OLG. Hamburg); 1037[9] (OLG. Hamm); Ring AufwRspr. 1, 214 (OLG. Dresden) u. a.

[7]) Einzelheiten bei Steiner 43ff.

a) der Gläubiger.

b) der Schuldner, der Eigenbesitzer des Schiffes ist (§ 164 ZVG.), der Schiffer (§§ 2, 3, 7, 15 BiSchG., § 761 HGB.), der dritte Besitzer (§ 103 Abs. 2 BiSchG., §§ 755 Abs. 2, 759 HGB.), der Ausrüster (§ 2 BiSchG., § 510 HGB.), der Korrespondentreeder (§ 493 HGB.). Vgl. auch § 166 ZVG.

c) die im Schiffsregister eingetragenen bzw. durch Eintragung gesicherten Berechtigten (§§ 9 Nr. 1, 162 ZVG.).

d) die im § 9 Nr. 2 ZVG. bezeichneten Personen, wenn sie ihre Rechte angemeldet und eventuell glaubhaft gemacht haben (s. o. Anm. 10).

e) die Berufsgenossenschaft und die Invaliditätsversicherungsanstalt, auch wenn sie eine Forderung nicht angemeldet haben (§ 163 Abs. 3 ZVG.).

4. **Bei der Zwangsversteigerung außerhalb der Fälle der Zwangsvollstreckung sind beteiligt:** 13

a) bei der ZwVerst. auf Antrag des Konkursverwalters ist dieser Beteiligter an Stelle des Gläubigers und des Schuldners[8]);

b) im Falle des § 175 ZVG. der Antragsteller an Stelle des Gläubigers und Schuldners. Der Erbe, der keinen VersteigAntrag stellt, ist Beteiligter auf Grund seiner oder seines Erblassers Eintragung im Grundbuch, eventuell kraft Anmeldung und Glaubhaftmachung (§ 9 ZVG.)[9]);

c) bei der ZwVerst. behufs Gemeinschaftsaufhebung tritt der Antragsteller an die Stelle des Gläubigers, während die Miteigentümer (Gesamthänder) die Stelle des Schuldners einnehmen.

5. Alle anderen Personen, die hier nicht aufgezählt wurden, gelten nicht als an dem 14 Verfahren beteiligt. Das sind insbesondere: der Bieter, der Ersteher, der Bürge des Erstehers und der Zahlungspflichtige nach § 61 ZVG. Tritt also der RA. für eine dieser Personen auf und ist sie nicht zugleich „Beteiligter" im Sinne der vorausgehenden Darstellung, so liquidiert er nicht nach Art. 17 ff., sondern nach Art. 6—16 RpflVO.

Dies gilt aber doch nur mit einer Einschränkung, die sich aus allgemeinen kosten- 15 rechtlichen Grundsätzen ergibt: es kann vorkommen, daß der Anwalt beauftragt wird, die Rechte des Klienten als eines am ZwVerstVerf. Beteiligten zu wahren. Er meldet z. B. dessen Rechte nach § 9 Nr. 2 ZVG. an, erscheint auch im Termin, wird aber vom Versteigerungsbeamten nicht als Beteiligter anerkannt, etwa weil die verlangte Glaubhaftmachung dem Notar nicht genügt. Hier will die Partei, daß der Anwalt ihr die Stellung eines Beteiligten verschafft und in solcher Eigenschaft am Verfahren für sie teilnimmt. Im Verhältnis zwischen ihr und dem Anwalt muß es so angesehen werden, als sei sie am Verfahren beteiligt, jedenfalls bis zu dem Zeitpunkt, in dem sie es aufgibt, diese Rolle zu beanspruchen. Ähnliche Fälle sind ja auch sonst im Kostenrecht häufig und werden entsprechend behandelt: wer Beschwerde einlegt, hat an Anwalt und Gericht die Kosten des Rechtsmittels zu bezahlen, auch wenn er gar nicht beschwerdeberechtigt war; wer eine Nebenintervention erklärt, ist kostenrechtlich Nebenintervenient, auch wenn er nicht zugelassen wird usw. Die Frage, ob die Anwaltsgebühr etwa aus anderen Gründen, z. B. wegen schuldhaft unrichtiger Beratung des Klienten, wieder in Wegfall kommen oder geschmälert werden kann, scheidet in diesem Zusammenhang natürlich aus.

---

[8]) Steiner 448 (§ 172 Anm. 3) mit Nachweisungen.

[9]) Steiner § 176 Anm. 2.

Zu betonen ist dagegen zur Rechtfertigung des Gesagten noch, daß das ZVG. selbst die Frage der Beteiligung vielfach in der Schwebe läßt und den Berechtigten, der angemeldet, aber noch nicht glaubhaft gemacht hat, keineswegs in allen Fällen als Unbeteiligten behandelt (vgl. die §§ 41 Abs. 3, 88 Satz 2, 105 Abs. 2 ZVG., wonach als Beteiligte auch diejenigen gelten, welche das angemeldete Recht noch glaubhaft zu machen haben). Das spricht gewiß auch für die hier vertretene Auffassung.

16 **III. Die Gebühren des Artikel 17.**

Die Pauschgebühren des Art. 17 sind verschieden geregelt, je nachdem der RA. den Antragsteller oder einen anderen Beteiligten vertritt. Die Grundlage der Gebührenbemessung, nämlich die Feststellung des Streitwerts, wird überhaupt nicht hier, sondern erst im Art. 18 behandelt. Daß die Beistandsleistung immer der Vertretung gleichsteht, wurde schon in den Vorb. zu Art. 17—23 bemerkt. Im folgenden wird daher der Kürze halber immer nur von Vertretung gesprochen.

17 **1. Die Vertretung eines Beteiligten, der nicht Antragsteller ist.**

Der RA., der einen solchen Beteiligten vertritt, erhält je $^3/_{10}$ für die Vertretung bis zur Einleitung des Verteilungsverfahrens und für die Vertretung im Verteilungsverfahren.

Das Verfahren zerfällt also in zwei Abschnitte, deren erster mit dem Beginn des Verteilungsverfahrens, d. h. mit der Bestimmung des Verteilungstermins durch das Gericht (in Bayern: den Notar) endigt (§ 105 ZVG.).

18 a) Die erste Gebühr von $^3/_{10}$, die man als Betriebsgebühr[10]) bezeichnen kann, und die für die Vertretung des Beteiligten im Verfahren der ZwVerst. bis zur Einleitung des Verteilungsverfahrens bestimmt ist, fällt nach dem Wortlaut der VO. an, sobald eine Vertretung im Verfahren stattgefunden hat. Die Bedeutung dieser Worte erhellt aus § 29 Abs. 1 RAGebO., der durch Art. 27 Abs. 2 RpflVO. für anwendbar erklärt ist: danach beginnt die „Instanz" mit der Auftragserteilung. Sobald also der RA. Auftrag erhalten hat, den Klienten im Verfahren der ZwVerst. zu vertreten, ist die $^3/_{10}$-Gebühr angefallen. Dies gilt sogar dann, wenn das gerichtliche Verfahren noch gar nicht begonnen hat, genau wie im Zivilprozeß die Prozeßgebühr schon vor Erhebung der Klage anfallen kann. Nur tritt in unserem Falle keine Minderung der an sich niedrigeren Prozeßgebühr ein, wenn es zum gerichtlichen Verfahren oder zur Wirksamkeit in demselben gar nicht kommt; § 14 RAGebO. ist nicht für anwendbar erklärt[11]). Findet zunächst nur eine Beratung darüber statt, ob der Klient sich an dem Verfahren beteiligen soll oder nicht und wird dann der Auftrag zur Beteiligung gegeben, so geht die Vergütung für die Beratung in der Pauschgebühr für das Verfahren auf; das folgt aus dem Wesen des Pauschsystems[12]).

19 Die Tätigkeiten, die von der Betriebsgebühr in der Folge umfaßt werden, bedürfen keiner Aufzählung. Hierher gehören alle Handlungen, die unmittelbar auf das Verfahren Bezug haben, auch Beratungen über die Fortsetzung der Beteiligung oder die Gestaltung des Verfahrens, die Vertretung bei den Maßnahmen der §§ 2, 22, 25 ZVG., bei der Vorbereitung des VersteigTermins, bei der Entscheidung über den Zuschlag, bei der vorläufigen Einstellung oder der Aufhebung des Verfahrens usw.

---

[10]) Friedlaender-Kraemer Art. 4 Anm. 10.
[11]) Wegen des Streitwerts in solchen Fällen vgl. Art. 18 Abs. 4.
[12]) Vgl. Walter-Joachim-Friedlaender[8] § 47 Anm. 18.

Voraussetzung ist aber, daß die Tätigkeit zur Instanz gehört. Das Beschwerde- 20
verfahren ist eine eigene Instanz[13]); ebenso z. B. die Zwangsvollstreckung aus dem
Zuschlagsbeschluß. Ferner gilt der für die Prozeßgebühr aufgestellte Grundsatz, daß sie eine
Tätigkeit in einem selbständig geregelten Verfahren vor anderen Behörden nicht mit um-
faßt[14]), auch für die Betriebsgebühr. Wenn also z. B. der RA. mit Bezug auf das ZwVerst.-
Verfahren das Vormundschafts- oder Nachlaßgericht angehen muß, so ist er hiefür besonders
zu honorieren. Dagegen sind Vollstreckungsgericht und Notar, die in demselben ZwVerst.-
Verf. nebeneinander tätig werden[15]), natürlich nicht in diesem Sinne als verschiedene Be-
hörden anzusehen.

Statt der Betriebsgebühr zu $^3/_{10}$ erhält der RA. eine Betriebsgebühr in 21
Höhe von $^4/_{10}$, wenn er einen Versteigerungstermin wahrgenommen hat. Hiezu
ist lediglich erforderlich, daß der Versteigerungstermin bereits begonnen hat und daß der
RA. ihm in irgendeinem Zeitpunkt (vor seinem Abschluß) beigewohnt hat. Ob er sich
irgendwie an den Verhandlungen aktiv beteiligt hat, ist belanglos. Der RA. erhält die $^4/_{10}$-
Gebühr auch dann, wenn er erst in oder kurz vor dem Versteigerungstermin mit der Ver-
tretung im Verfahren beauftragt wurde. Anderseits erhält er die Gebühr nur einmal,
auch wenn er mehrere VersteigTermine wahrnimmt, natürlich hier wie überall vorbehalt-
lich der Anwendung der Angemessenheitsklausel.

b) Eine weitere Gebühr in Höhe von $^3/_{10}$ erhält der RA. für die Vertretung im Ver- 22
teilungsverfahren. Auch diese Gebühr ist eine Pauschgebühr. Sie entsteht jedenfalls, wenn
das Verteilungsverfahren mit der Anberaumung des Verteilungstermins durch den Notar
begonnen hat und der RA. Auftrag zur Vertretung im Verteilungsverfahren erhält. Das
gleiche ist anzunehmen, wenn er vor diesem Zeitpunkte den gleichen Auftrag erhält (s.o.
Anm. 18) und wenn er nicht bereits im vorausgehenden Versteigerungs-
verfahren die Betriebsgebühr verdient hat. Denn nach der ausgesprochenen
Absicht des Gesetzgebers soll dem RA., wenn er vor Beginn des Verteilungsverfahrens
Auftrag zur Vertretung im ZwangsverstVerf. (einschließlich des eventuell stattfindenden
Verteilungsverfahrens) erhielt, nur die Betriebsgebühr zukommen, wenn die Tätigkeit
vor Beginn des VerteilVerf. endigt.

Das Verteilungsverfahren endigt erst mit der vollständigen Ausführung des Ver- 23
teilungsplans bzw. der Verteilungspläne, da auch die Aufstellung von Ergänzungsplänen
(z. B. in den Fällen der §§ 139, 141 ZVG.) oder die Aufstellung eines neuen Planes auf
Grund richterlichen Urteils nach §§ 115 ZVG., 880 ZPO. die Einheitlichkeit des Ver-
teilungsverfahrens nicht berühren[16]). Daß die Widerspruchsprozesse nicht zum Ver-

[13]) Ob das Beschwerdeverfahren sich in den Fällen des § 96ff. ZVG. im wesentlichen nach der ZPO. richtet, ist bestritten. Bejahend: Friedlaender-Kraemer Art. 4 Anm. 10 (mit Nachweisungen). A. M.: Friedlaender GKG. § 38 Anm. 17. Art. 27 Abs. 2 RpflVO. steht auf dem verneinenden Standpunkt, da er § 41 RAGebO. ausdrücklich für anwendbar erklärt. Die Angemessenheitsklausel ist also für das Beschwerdeverfahren anwendbar, was z. B. bei schwierigen Zuschlagsanfechtungen wichtig sein kann. In den Fällen des § 95 ZVG. ist allerdings die ZPO. anwendbar (Steiner § 95 Anm. 3), daher auch die RAGebO. kraft Reichsrechts. Streitwert bei Beschwerden gegen den Zuschlag ist stets der Wert des Grundstücks: OLG. Augsburg BayZ. 1929, 162. — Vgl. jetzt auch A. Friedlaender JW. 1930, 1517.

[14]) Walter-Joachim-Friedlaender § 13 Anm. 11, 12.

[15]) Art. 25 Abs. 1 BayAGZVG.

[16]) Ebenso: Steiner § 139 Anm. 5; Baumbach RKostGes.[3] § 33 GKG. Anm. 4; Friedlaender GKG. § 33 Anm. 17.

teilungsverfahren gehören, bedarf keiner Begründung. Dagegen ist auch die Ausführung von Teilungsplänen, die nach Erledigung eines Prozesses erfolgt, wiederum Bestandteil des einheitlichen Verteilungsverfahrens.

23a Auch im Verteilungsverfahren kann es zu Beschwerden kommen. Sie eröffnen auch hier — wie sonst — stets eine neue Instanz[16a]).

24 c) Der RA. erhält $^3/_{10}$ der vollen Gebühr auch dann, wenn unter seiner Mitwirkung eine außergerichtliche Verteilung stattfindet. Auf diese Gebühr wird die Gebühr für die Vertretung im gerichtlichen (notariellen) VertVerf. angerechnet.

Das Gesetz kennt zwei Fälle der außergerichtlichen Verteilung, den wenig praktischen Fall des § 143 ZVG. und den (namentlich in Bayern häufigen) Fall des § 144 ZVG. In beiden Fällen wird man die Ausdrucksweise der VO., daß „die Verteilung unter Mitwirkung des RA. stattfindet" nicht wörtlich dahin zu verstehen haben, daß die außergerichtliche Verteilung durch den RA. durchgeführt sein müsse. Das ergibt sich schon aus dem letzten Halbsatz des Abs. 4. Gemeint ist lediglich, daß der RA. in einem außergerichtlichen Verteilungsverfahren für einen Beteiligten tätig gewesen ist; er braucht auch keineswegs der Vertreter des (in concreto beteiligten) Erstehers, der die außergerichtliche Verteilung betreibt, zu sein, sondern er kann auch einen anderen Beteiligten vertreten (z. B. einen Gläubiger, der seine Hypothek stehen läßt).

25 Das außergerichtliche Verteilungsverfahren findet zuweilen erst statt, wenn der gerichtliche (notarielle) VertTermin bereits anberaumt war (er kommt dann eventuell in Fortfall); anderseits kann die außergerichtliche Verteilung mißlingen, weil gemäß § 144 Abs. 2 ZVG. Erinnerungen erhoben werden. Auch bei Durchführung der außergerichtlichen Verteilung sind gewisse Tätigkeitsakte des Notars nicht entbehrlich[17]). In allen diesen Fällen gilt der Grundsatz, daß die Gebühr nur einmal anfällt oder, wie die VO. sich ausdrückt, daß die Gebühr für das außergerichtl. VertVerf. auf die andere Gebühr angerechnet wird.

26 d) Findet ein Verfahren zur Wiederversteigerung statt, so ist dieses als ganz neues Versteigerungsverfahren anzusehen und gebührenrechtlich selbständig zu behandeln. Es richtet sich ja auch gegen einen ganz anderen Schuldner, nämlich den Ersteher. Vgl. § 133 ZVG.[18]).

27 **2. Die Vertretung des Antragstellers.**

Für die Vertretung des Antragstellers, d. h. desjenigen, der einen Antrag auf Versteigerung oder Zulassung des Beitritts gestellt hat erhält der RA. eine erhöhte Betriebsgebühr von $^4/_{10}$, wenn er

entweder selbst einen Antrag auf Zwangsversteigerung (oder Zulassung des Beitritts) gestellt

oder einen Versteigerungstermin wahrgenommen hat.

Liegen beide Voraussetzungen nebeneinander vor, so erhält er eine Betriebsgebühr von $^6/_{10}$.

28 Der Antrag auf Zwangsversteigerung muß beim Gericht eingereicht worden, d. h. in dessen Einlauf gelangt sein; denn sonst ist der Antrag nicht gestellt worden. Welches das weitere Schicksal dieses Antrags war, ist für die Anwendung des Art. 17 belanglos. —

[16a]) Das gleiche gilt hinsichtlich eines etwa stattfindenden Aufgebotsverfahrens (§ 138 ZVG.). S. oben Anm. 20.

[17]) Vgl. hiezu Steiner § 143 Anm. 5, § 144 Anm. 10.

[18]) Steiner § 133 Anm. 2.

Stellt der RA. mehrere Anträge auf Zwangsverst., so erhöht sich die Betriebsgebühr nicht; wohl aber kann der Streitwert sich erhöhen. Vgl. Art. 18.

Im übrigen findet alles, was oben in Anm. 18—21 über die Betriebs- 29
gebühr gesagt wurde, auch hier Anwendung. Ebenso das, was über die Gebühren im Verteilungsverfahren in Anm. 21 ff. ausgeführt wurde[18a]).

Artikel 18.

Für die Berechnung der im Art. 17 bestimmten Gebühren ist im Falle der Vertretung des Gläubigers oder eines anderen Berechtigten (§ 9 Nr. 1, 2 des Gesetzes über die Zwangsversteigerung und die Zwangsverwaltung vom 24. März 1897) der Wert des Rechtes maßgebend, wobei die neben einem Hauptanspruche bestehenden Ansprüche wegen der Kosten und Nebenleistungen unberücksichtigt bleiben. Im Falle der Vertretung des Gläubigers ist der nach § 13*) des Gerichtskostengesetzes sich berechnende Wert des Anspruchs, wegen dessen die Zwangsversteigerung beantragt ist, maßgebend, wenn er größer ist als der Wert des Rechtes ohne Kosten und Nebenleistungen. Ist im Falle der Erteilung des Zuschlags das Meistgebot, in den Fällen, in denen das Verfahren vor der Erteilung des Zuschlags erledigt wird, der Wert des Gegenstandes der Zwangsversteigerung geringer als der nach Satz 1 oder Satz 2 maßgebende Betrag, so ist das Meistgebot oder der Wert des Gegenstandes der Zwangsversteigerung maßgebend.

Bei der Vertretung eines anderen Beteiligten bestimmen sich die Gebühren im Falle der Erteilung des Zuschlags nach dem Meistgebot oder nach dem Anteile des Vertretenen an dem Meistgebot, in den Fällen, in denen das Verfahren vor der Erteilung des Zuschlags erledigt wird, nach dem Werte des Gegenstandes der Zwangsversteigerung oder nach dem Anteile des Vertretenen an diesem Werte.

Der Wert mehrerer Rechte oder Ansprüche, ebenso mehrere Meistgebote oder Werte von Gegenständen der Zwangsversteigerung, auf die sich das Recht des Auftraggebers erstreckt, sind zusammenzurechnen.

Beschränkt sich die Tätigkeit des Rechtsanwalts auf die Vertretung in dem Verfahren bis zum Versteigerungstermin und hat die Wahrnehmung eines anderen Termins nicht stattgefunden, so ist für die Berechnung der Gebühr des Vertreters des Gläubigers der Wert des Anspruchs des Gläubigers, wegen dessen die Zwangsversteigerung beantragt ist, maßgebend. Für die Berechnung der Gebühr des Vertreters eines anderen Beteiligten als des Antragstellers ist der Betrag maßgebend, der in demselben Falle der Berechnung der Gebühr des Vertreters des Antragstellers zugrunde zu legen wäre. Sind in dem Falle des Satzes 2 mehrere Antragsteller vorhanden, so ist unter den der Berechnung der Gebühren ihrer Vertreter in demselben Falle zugrunde zu legenden Beträgen der größte maßgebend. Der nach Abs. 1 bis 3 zugrunde zu legende Betrag ist maßgebend, wenn er geringer ist.

[18a]) Natürlich auch das zur Wiederversteigerung in Anm. 26 Gesagte.

*) Jetzt: § 15 GKG.

Übersicht.

1 **I. Allgemeines.**

Art. 18 schließt sich unmittelbar an die Vorschriften des Art. 17 an. Er enthält die besonderen Streitwertbestimmungen, die für die Gebührenberechnung nach Art. 17 und nur für diese bzw. die dem Art. 17 nachgebildeten Fälle der Art. 22 und 23 gelten. Daneben kommen, soweit die Spezialbestimmungen des Art. 18 dem nicht entgegenstehen, auch die Vorschriften der §§ 10—12 RAGebO. in Betracht (Art. 27 Abs. 1 u. 2 RpflVO.). Wenn also z. B. der „Wert des Gegenstandes der Zwangsversteigerung" bestimmt wird, so ist, da diese Wertbestimmung für die Berechnung der Gerichtskosten nach denselben Grundsätzen erfolgt wie für die Anwaltsgebühren, diese Festsetzung auch für die Anwaltskostenberechnung maßgebend (§ 11 RAGebO.)[1]).

2 Auch die Streitwertbestimmung für die Anwaltskosten ist eine ganz verschiedene, je nachdem es sich um die Vertretung des Gläubigers oder eines anderen Beteiligten handelt. Ja es kommen hier noch weitere Unterscheidungen hinzu, die z. T. so ins einzelne gehen, daß man — zumal bei Betrachtung der von den Motiven gegebenen Zahlenbeispiele — über die Genauigkeit staunen muß, mit der der Gesetzgeber von 1902 hier, noch über das preußische Vorbild hinausgehend, jeder kleinen Nuance gerecht zu werden versucht hat.

3 Hervorzuheben ist noch, daß die im folgenden darzustellenden Wertvorschriften für alle Gebühren des Art. 17 gelten, auch für diejenigen, auf die sie manchmal nicht ganz zu passen scheinen (z. B. im außergerichtlichen Verteilungsverfahren).

4 **II. Die einzelnen Vorschriften.**

A. Der Wert bei Vertretung des Gläubigers oder eines anderen Berechtigten nach § 9 Nr. 1, 2 ZVG.

Der „Gläubiger" ist derjenige, der einen Antrag auf Zwangsversteigerung (oder Zulassung des Beitritts) gestellt hat (§§ 9, 20, 27 ZVG.), ferner der Rechtsnachfolger des Beschlagnahmegläubigers, der als solcher (nach Umstellung der Vollstreckungsklausel usw.) in das Verfahren eintritt[2]). Wird der Versteigerungsantrag von dem betreibenden Gläubiger zurückgenommen oder wird er endgültig abgewiesen, so hört er auf „Gläubiger" zu sein. Von nun an gelten also auch für den Anwalt dieser Person nicht mehr die Wertvorschriften, die für den „Vertreter des Gläubigers" bestimmt sind.

5 Welches die „anderen Berechtigten" sind, ergibt sich aus § 9 Nr. 1 und 2 ZVG., auf die Art. 18 Abs. 1 ausdrücklich verweist: es sind die bei Art. 17 Anm. 9 und 10 angeführten Fälle.

Für diese Gruppe von Beteiligten gilt nun folgendes:

6 1. Maßgebend für die Gebührenberechnung ist zunächst der Wert des Rechtes, jedoch unter Fortlassung der neben einem Hauptanspruche bestehenden Ansprüche auf

[1]) Die auf Grund des § 11 EGZVG. erteilte Ermächtigung zur Aufstellung besonderer Grundsätze für die Wertermittelung ist in Bayern durch Art. 29 AGZVG. nur für die Fälle der §§ 64 und 112 ZVG. ausgenützt worden. Im übrigen vgl. Art. 9 BayKostG., ferner Motive zu Art. 18 RpflVO., JMBl. 1902, 473.

[2]) Vgl. Steiner ZwVerst.[4] § 27 Anm. 5.

Kosten, Zinsen und sonstige Nebenleistungen. Wenn also der betreibende Gläubiger eine Forderung zu 10000 RM. nebst Zinsen und Kosten besitzt, wenn er aber nur für 3000 RM. die Zwangsverst. beantragt hat, so liquidiert sein Anwalt aus 10000 RM. Dem Hypothekgläubiger, für den 12000 RM. eingetragen sind, der aber gar nicht die Absicht hat mehr als 4000 RM. zu retten, darf der Anwalt die Gebühren aus 12000 RM. in Rechnung stellen, weil ja tatsächlich die ganze Hypothek vom Verfahren ergriffen wird und auch die Verantwortung des Anwalts sich auf den ganzen Betrag erstreckt. Der Wert des Rechtes ist nach § 10 RAGebO. und den dort angezogenen Vorschriften des GKG. und der ZPO. zu bestimmen, wobei jedoch die Nebenforderungen hier auch in der Zwangsvollstreckung neben dem Hauptanspruch außer Ansatz bleiben[3]).

Doch ist zu beachten, daß Nebenleistungen nur insoweit vorliegen, als sie in Ab- 7
hängigkeit stehen zu dem noch bestehenden Hauptanspruch. Wenn also z. B. der Gläubiger zwar einen Vollstreckungstitel auf 20000 RM. nebst 5% Zinsen hieraus seit 1. Januar 1927 hat, wenn aber hievon 16000 RM. des Kapitals bezahlt sind, so dürfen zwar die Zinsen aus den restigen 4000 RM. nicht in Ansatz gebracht werden; wohl aber die Zinsen aus den bezahlten 16000 RM. Sie bestehen ja gar nicht „neben dem Hauptanspruch", d. h. neben demjenigen Anspruch, zu dem sie gehören und im Verhältnis zu dem sie einen Nebenanspruch bilden würden. Dasselbe gilt hier grundsätzlich von den früher entstandenen Kosten. Auch sie bleiben nur außer Betracht, soweit sie sich auf den noch zu Recht bestehenden Teil des Hauptanspruchs beziehen; der Rechtsgedanke des § 15 Abs. 3 GKG., wonach die Prozeßkosten nur dann den Streitwert bestimmen, wenn der Hauptanspruch des betreffenden Prozesses mit allen seinen Nebenforderungen vollständig erledigt ist, ist hier durchaus nicht anwendbar; die „Kosten", von denen Art. 18 Abs. 1 Satz 1 spricht, können vielmehr nur den in § 15 Abs. 1 GKG. angeführten „Kosten", d. h. den früher auf die Geltendmachung des Hauptanspruchs erwachsenen Aufwendungen, gleichgestellt werden. Ein Rechtsstreit oder eine Vollstreckung, in denen jene Kosten den Charakter von Prozeßkosten dieses Rechtsstreits oder dieser Vollstreckung haben, ist ja in unserem Falle gar nicht anhängig und, wenn ein Gläubiger von einer ursprünglich 10000 RM. betragenden Hauptforderung den Rest zu 2000 RM. eingeklagt und gleichzeitig 300 RM. Kosten, die ihm für die versuchte Einziehung der 10000 RM. erwachsen sind, so ist von diesen 300 RM. nur derjenige Teil Nebenforderung, der auf die 2000 RM. entfällt, nicht dagegen der Teil, der auf die restigen 8000 RM. trifft[4]). Die Ausscheidung hat nach freiem Ermessen zu erfolgen; am gerechtesten wohl so, daß man fragt: welche Kosten wären entstanden, wenn die Forderung, die jetzt noch Hauptanspruch ist, allein geltend gemacht worden wäre; nur der Rest ist dann zu bewerten.

Wenn der Wert des Rechtes zu bestimmen ist, so kann auch die Frage entstehen, 8
wo die Grenze dieses Rechtes gegenüber anderen Ansprüchen desselben Berechtigten liegt. Diese Frage ist rein nach zivilrechtlichen Gesichtspunkten zu entscheiden. Dieselbe Darlehensforderung zu 10000 RM. wird nicht dadurch zu zwei verschiedenen Rechten, daß über sie zwei Vollstreckungstitel zu je 5000 RM. vorliegen, auch nicht dadurch, daß sie nacheinander durch zwei Hypotheken zu 7000 und 3000 RM. gesichert wurde.

---

[3]) Vgl. Walter-Joachim-Friedlaender[8] § 10 Anm. 79ff.

[4]) Vgl. hiezu Walter-Joachim-Friedlaender[8] § 10 Anm. 63ff. Die Frage ist im Zivilprozeß nicht unbestritten. A. M. sind: RG. JW. 1927, 2129[28] und OLG. Stuttgart HöchstRRspr. 1930 Nr. 253.

9 2. Bei Vertretung des Gläubigers (also nicht eines anderen Berechtigten) soll an Stelle der unter 1 angeführten Berechnung eine andere treten, wenn sie in concreto für den RA. günstiger ist; es soll dann nämlich der nach § 15 GKG. sich berechnende Wert der Beschlagnahmeforderung maßgebend sein. Wegen der Berechnung nach § 15 GKG. vgl. die Kommentare zu diesem Gesetz[5]). Beispiel: Der Wert des Rechtes ohne Kosten und Nebenleistungen beträgt 1000 RM., der Wert der Beschlagnahmeforderung aber infolge der Hinzurechnung von Zinsen und Prozeßkosten: 1120 RM. Hier ist letzterer Betrag maßgebend.

10 3. Ist im Falle der Erteilung des Zuschlags das Meistgebot, bei Erledigung des Verfahrens vor Erteilung des Zuschlags der Wert des Gegenstandes der Zwangsversteigerung niedriger als der nach 1 oder 2 maßgebende Betrag, so gilt der geringere Betrag des Meistgebots oder des Gegenstandswerts als Grundlage der Gebührenberechnung.

a) Erteilung des Zuschlags liegt vor, wenn der Notar den Zuschlagsbeschluß verkündet hat (§§ 87, 89 ZVG.). Ob der Beschluß rechtskräftig oder ob er wieder aufgehoben wird, ist für unsere Vorschrift belanglos.

11 b) Der Begriff der „Erledigung des Verfahrens vor Erteilung des Zuschlags" ist nach dem Wortsinne festzustellen. Es kommt also auf die Beendigung des (amtlichen) Zwangsversteigerungsverfahrens vor Erteilung eines Zuschlags an, nicht auf die Erledigung des anwaltschaftlichen Auftrags in einem früheren Zeitpunkte. Denn das Meistgebot wird ja nur deshalb zugrunde gelegt, weil es ein einfacherer Bewertungsmaßstab ist (es erfordert keine Schätzung), nicht deshalb, weil der Anwalt im Zeitpunkt des Zuschlags noch tätig war.

12 c) Nach dem Sprachgebrauch des ZVG. versteht man unter Meistgebot nur das Bargebot; denn auf die bestehen bleibenden Rechte wird ja nach dem System dieses Gesetzes gar nicht „geboten" (im Gegensatz zu dem Recht der früheren bayer. Subhastationsordnung). Gleichwohl unterliegt es keinem Zweifel, daß unter Meistgebot im Sinne des Art. 18 RpflVO. nicht nur das Bargebot, sondern auch die übernommenen und bestehen bleibenden Rechte zu verstehen sind. Auch der Erlös der im Falle des § 65 ZVG. besonders versteigerten oder anderweitig verwerteten Gegenstände ist hinzuzurechnen[7]); denn die Versteigerung oder Verwertung dieser Gegenstände stellt sich als eine Ergänzung des Zuschlags dar.

13 d) Der Wert des Gegenstandes der Zwangsversteigerung ist der gemeine Verkehrswert. Die für die Gerichtskosten maßgebende Wertfestsetzung ist nach Art. 27 RpflVO. mit § 11 RAGebO. auch für die Anwaltskosten bindend. Allerdings kann es bei starken Wertschwankungen vorkommen, daß sich im Zeitpunkt der Beendigung der anwaltschaftlichen Tätigkeit ein anderer Wert ergibt als in dem Zeitpunkt, für den die Festsetzung

---

[5]) Z. B. Friedlaender GKG. §§ 9—15 Anm. 110ff., 124ff.

[6]) Ebenso: Merzbacher[2] Art. 18 Anm. 2c; Schmidt, BayKostG. und die preußische Praxis (KGJ. 29 B, 50; 31 B, 32; Friedlaender-Kraemer Art. 4 Anm. 25). Maßgebend ist der Inhalt des Zuschlagsbeschlusses: die Rechte, die hienach bestehen bleiben und vom Ersteher zu übernehmen sind, werden unbedingt mitgerechnet. Vgl. im einzelnen KGJ. 51, 392; 47, 305; 38 B 44 und Friedlaender-Kraemer Art. 4 Anm. 25 und Fußnote 22.

[7]) Gl. M. Merzbacher[2] Art. 18 Anm. 2c, Schmidt a. a. O. Das PrGKG. § 123 Abs. 4 bestimmt dasselbe ausdrücklich für die Gebühren des Verteilungsverfahrens.

hinsichtlich der Gerichtskosten gilt. Dann tritt ausnahmsweise keine Bindung ein (§ 9 Abs. 2 GKG.)[8]).

e) Die hier geschilderte Regelung, wie sie im letzten Satz von Art. 18 Abs. 1 erfolgt ist, hat die eigentümliche Folge, daß der RA. dann, wenn der Hypothekgläubiger nominell das Grundstück sehr billig eingesteigert hat (indem er den größten Teil seiner Hypothek ausfallen ließ) auch nur aus diesem niedrigen Meistgebot honoriert wird. A hat z. B. auf einem ländlichen Anwesen eine vollwertige, erststellige Hypothek zu 20000 RM. Da außer ihm niemand bietet, erwirbt er das Grundstück um 500 RM.; in Wirklichkeit ist er voll gedeckt. Der Anwalt, der ihn im ganzen Verfahren vertreten hat, erhält seine Gebühren aus 500 RM.! Preußen hat für diesen Fall eine besondere Vorschrift, wonach der Anwalt aus 20000 RM. liquidieren darf (§ 123 Abs. 2 Satz 2 PrGKG.). In Bayern fehlt eine solche Bestimmung. 14

4. Beschränkt sich die Tätigkeit des RA., der den Gläubiger vertritt, auf die Vertretung bis zum Versteigerungstermin und hat auch die Wahrnehmung eines anderen Termins nicht stattgefunden, so ist der Wert des Anspruchs maßgebend, wegen dessen die Zwangsverst. beantragt ist, die Berechnung erfolgt also nach Anm. 9. Ist aber in concreto der Wert des Rechtes (Anm. 6) oder der Wert des Grundstücks bzw. das Meistgebot geringer als der Wert des Beschlagnahmeanspruchs, so ist der geringste dieser Werte maßgebend. Beispiel: 15

	A	B
Wert des Beschlagnahmeanspruchs	2500 RM.	2500 RM.
" " Rechts	4500 "	2800 "
" " Beschlagnahmegegenstandes . . . (Zuschlag wurde nicht erteilt)	4800 "	2200 "

Im Falle A erfolgt die Gebührenberechnung aus 2500 Reichsmark, im Falle B aus 2200 Reichsmark.

Voraussetzung der Anwendung des Art. 18 Abs. 4 Satz 1 und 4 ist: 16

a) daß die Vertretung des RA. endigt, bevor es zu einem Versteigerungstermin gekommen ist; es genügt der Beginn eines solchen Termins, um die Voraussetzung zu beseitigen; ob der RA. den Termin wahrgenommen hat, ist belanglos;

b) daß nicht von dem RA. ein anderer Termin (Vortermin nach § 62 ZVG. oder ein sonstiger, auf Grund des Prinzips der fakultativen mündlichen Verhandlung nach § 764 ZPO. anberaumter Termin[9])) wahrgenommen wurde. Über letzteren Begriff vgl. Art. 17 Anm. 21; auch Art. 10 Anm. 3, 4.

Liegt nur eine dieser beiden Voraussetzungen nicht vor, so entfällt die Anwendung des Art. 18 Abs. 4 Satz 1.

5. Liegt der Fall der Ziffer 4 (Art. 18 Abs. 4 Satz 1) bei einem anderen Berechtigten im Sinne des § 9 Nr. 1 und 2 vor, so wird er ebenso behandelt wie andere Beteiligte. Hierüber siehe unten Anm. 19. 17

B. Der Wert bei Vertretung eines anderen Beteiligten. 18

Vertritt der RA. einen anderen Beteiligten, (also nicht den Gläubiger oder einen anderen Berechtigten im Sinne des § 9 Nr. 1 und 2 ZVG.), z. B. den Schuldner, den

---

[8]) Vgl. Walter-Joachim-Friedlaender[8] §§ 11, 12 Anm. 4; § 10 Anm. 37.
[9]) Vgl. Steiner S. 24.

Konkursverwalter, den Miteigentümer oder Miterben bei der Gemeinschaftsteilung, so gilt folgendes:

1. Wird der Zuschlag erteilt, so ist das Meistgebot oder der Anteil des Vertretenen an dem Meistgebot maßgebend.

Wird das Verfahren vor Erteilung des Zuschlags erledigt, so ist der Wert des Gegenstands der ZwVerst. oder der Anteil des Vertretenen an diesem Werte entscheidend.

Die hier vorkommenden Begriffe sind oben in Anm. 10—13 bereits erörtert. Die Bestimmung über den „Anteil an dem Meistgebote" oder an dem Werte des Gegenstandes bezieht sich auf die Fälle, in denen der Miterbe, Miteigentümer usw. als Auftraggeber in Frage kommt. Ist dieser z. B. zu $^1/_4$ beteiligt, so erhält der RA., wenn das Meistgebot 30000 RM. beträgt, die Gebühren nur aus 7500 RM.

19 2. Auch hier tritt wieder eine Sonderbehandlung ein, wenn sich die Tätigkeit des RA. auf die Vertretung bis zum VersteigTermin beschränkt und ein anderer Termin von ihm nicht wahrgenommen wurde (oben Anm. 15, 16). In diesem Falle soll der Anwalt eines anderen Beteiligten und auch der Anwalt eines Berechtigten im Sinne des § 9 Nr. 1 und 2 ZVG. nicht mehr erhalten als der Vertreter des Beschlagnahmegläubigers des betreffenden Verfahrens im gleichen Falle erhalten würde; sind in diesem Verfahren mehrere Beschlagnahmegläubiger vorhanden, so muß berechnet werden, wieviel jeder nach Art. 18 Abs. 4 Satz 1 zu fordern hätte und von diesen (fingierten) Beträgen ist dann der höchste maßgebend.

20 Wenn aber für den Beteiligten (oder Berechtigten) nach Art. 18 Abs. 1 oder 2 (oben Anm. 6—8, 10—14, 18) ein geringerer Betrag in Betracht käme als der in Anm. 19 bezeichnete Betrag, so soll wiederum der geringere Wert maßgebend sein (Art. 18 Abs. 4 Satz 4).

21 C. **Gemeinsames.**

1. Der Wert mehrerer Rechte oder Ansprüche, ebenso mehrerer Meistgebote oder Werte von Gegenständen der Zwangsversteigerung, auf die sich das Recht des Auftraggebers erstreckt, sind zusammenzurechnen.

Dieser Grundsatz des Art. 18 Abs. 3 gilt also z. B., wenn der Anwalt mehrere Hypotheken desselben Hypothekgläubigers oder mehrere verschiedene Forderungen desselben Beschlagnahmegläubigers zu schützen hat. Er darf entsprechend § 5 ZPO. nur aus den zusammengerechneten Werten seine Gebühren berechnen. Ebenso wenn er mehrere VersteigAnträge gestellt hat. Ferner ist, wenn in demselben Verfahren mehrere Grundstücke zur Versteigerung gelangen und der Wert der Grundstücke maßgebend ist (Art. 18 Abs. 1 Satz 3), deren Wert zusammenzurechnen usw.

Dabei ist aber stets vorausgesetzt, daß es sich um dasselbe Verfahren handelt. Getrennte Verfahren bedingen vollständig getrennte Gebühren- und Wertberechnung.

22 2. Zum Begriffe der Beteiligten ist auch bezüglich der Wertbestimmung auf das zu Art. 17 Anm. 15 Gesagte zu verweisen. Wer eine Beteiligung im Verfahren anstrebt, muß sich regelmäßig seinem Anwalt gegenüber so behandeln lassen, als sei er Beteiligter.

Artikel 19.

Für die Vertretung des Gläubigers, des Schuldners oder des Konkursverwalters im Verfahren der Zwangsverwaltung, einschließlich des Verteilungsverfahrens, erhält der Rechtsanwalt jährlich zwei Zehnteile der vollen Gebühr aus dem Betrage, der in jedem Verwaltungsjahre zur Verteilung an die Gläubiger gelangt (Wert der Einkünfte des Jahres), jedoch mindestens jährlich zehn Mark. Die Vorschrift des Art. 17 Abs. 4 ist entsprechend anzuwenden.

Der Rechtsanwalt erhält außerdem für den Antrag auf Anordnung der Zwangsverwaltung oder auf Zulassung des Beitritts, wenn er einen Gläubiger vertritt, einmal drei Zehnteile der vollen Gebühr aus dem sich nach § 13 des GKG.*) berechnenden Werte des Anspruchs oder der Ansprüche, wegen deren die Zwangsverwaltung von ihm beantragt ist, wenn er den Konkursverwalter vertritt, einmal drei Zehnteile der vollen Gebühr aus dem Werte der Einkünfte des Verwaltungsjahres, in dem der Antrag gestellt ist, in jedem der beiden Fälle jedoch mindestens zehn Mark.

Beschränkt sich die Tätigkeit des Rechtsanwalts auf die Vertretung in dem Verfahren wegen Anordnung der Zwangsverwaltung oder wegen Zulassung des Beitritts, so erhält er, wenn er einen Antrag auf Zwangsverwaltung gestellt hat, nur die ihm nach Abs. 2 zukommende Gebühr. Hat er einen solchen Antrag nicht gestellt, so erhält er als Vertreter eines Gläubigers einmal zwei Zehnteile der vollen Gebühr aus dem Werte des Anspruchs oder der Ansprüche des Gläubigers, wegen deren die Zwangsverwaltung beantragt ist, als Vertreter des Konkursverwalters einmal zwei Zehnteile der vollen Gebühr aus dem Werte der Einkünfte des Verwaltungsjahres, in dem der Antrag gestellt ist, auf den sich die Tätigkeit des Rechtsanwalts bezieht, und wenn sie sich auf mehrere in verschiedenen Jahren gestellte Anträge bezieht, aus dem größten Jahresbetrage der Einkünfte; die Gebühr beträgt mindestens fünf Mark. Für den Vertreter des Schuldners gilt das im Satze 2 für den Vertreter des Konkursverwalters bestimmte.

Artikel 20.

Vertritt der Rechtsanwalt im Verfahren der Zwangsverwaltung einen anderen Berechtigten als den Gläubiger, so erhält er für die Vertretung in dem Verfahren wegen Anordnung der Zwangsverwaltung oder wegen Zulassung des Beitritts einmal zwei Zehnteile, für die Vertretung in dem weiteren Verfahren einmal drei Zehnteile der vollen Gebühr aus dem Werte der wiederkehrenden Leistungen; für die Berechnung dieses Wertes ist der Wert der Leistungen eines Jahres maßgebend. Der Wert der Einkünfte des Verwaltungsjahres, in dem der Rechtsanwalt zuerst eine Tätigkeit für den Berechtigten entwickelt hat, ist statt des Wertes der Leistungen eines Jahres maßgebend, wenn er geringer ist als dieser Wert. Die Gebühr für die Vertretung in dem Verfahren wegen Anordnung der Zwangsverwaltung oder wegen Zulassung des Beitritts beträgt mindestens fünf Mark, die Gebühr für die Vertretung in dem weiteren Verfahren mindestens zehn Mark. Die Vorschrift des Art. 17 Abs. 4 ist entsprechend anzuwenden.

---

*) Jetzt: § 15 GKG.

Artikel 21.

Ist in den Fällen der Artikel 19, 20 die Gebühr aus dem Werte der Einkünfte zu berechnen, so ist der volle Wert der Einkünfte des Verwaltungsjahrs auch dann maßgebend, wenn der dem Rechtsanwalt erteilte Auftrag vor der Beendigung des Verwaltungsjahrs aufgehoben wird.

An die Stelle der in den Artikeln 19, 20 bestimmten geringsten Beträge der Gebühren tritt die Hälfte dieser Beträge, wenn der Rechtsanwalt denselben Beteiligten gleichzeitig im Verfahren der Zwangsversteigerung bezüglich derselben Gegenstände vertritt.

Übersicht zu Art. 19—21.

1 **I. Allgemeines über die Zwangsverwaltung.**

Die Art. 19—21 handeln ausschließlich vom Verfahren der Zwangsverwaltung. Die Bestimmungen gehören so eng zusammen, daß es sich empfiehlt die drei Artikel gemeinsam zu besprechen.

2 Die Zwangsverwaltung findet statt: im Wege der Zwangsvollstreckung in Grundstücke, Grundstücksbruchteile (in den Fällen des § 864 Abs. 2 ZPO.), in die den Grundstücken gleichstehenden Berechtigungen und in Hochseekabel (siehe oben Art. 17 Anm. 2—4), dagegen nicht in Schiffe (§ 870 Abs. 2 ZPO.). Außerhalb der Zwangsvollstreckung findet Zwangsverwaltung nur auf Antrag des Konkursverwalters statt (§ 172 ZVG.). Nicht als Zwangsverwaltung gelten die gerichtliche Verwaltung im Sinne des § 94 ZVG., ebensowenig die Sequestration nach § 938 Abs. 2 ZPO.[1]).

3 Wegen des Kreises der Beteiligten ist auf Art. 17 Anm. 7—11, 13—15 zu verweisen[2]). Dazu kommt im Falle des § 147 ZVG. noch der Eigenbesitzer des Grundstücks.

4 **II. Die Gebühren und die Wertberechnung im Zwangsverwaltungsverfahren.**

Die VO. unterscheidet wiederum verschiedene Gruppen von Auftraggebern, bei denen die Gebührenbemessung und die Streitwertberechnung eine verschiedene ist. Das System und die Unterscheidungen sind noch verwickelter als bei der Zwangsversteigerung.

5 A. Der Anwalt ist Vertreter des Gläubigers, Schuldners oder Konkursverwalters.

Der Gläubiger ist derjenige, der einen Antrag auf Zwangsverwaltung oder Zulassung des Beitritts gestellt hat; auch sein Rechtsnachfolger, der als „Gläubiger" in das Verfahren eintritt. Vgl. im einzelnen Art. 18 Anm. 4.

Schuldner ist auch der Erbe des eingetragenen Eigentümers, der Konkursverwalter (wenn sich gegen ihn die ZwVerwaltung richtet) und der Eigenbesitzer im Falle des § 147 ZVG.

[1]) Vgl. Steiner 404; Friedlaender-Kraemer Art. 5 Anm. 3.

[2]) Ob der Gemeinschuldner neben dem KonkVerwalter, gegen den sich die Zwangsverwaltung richtet, als Beteiligter gilt, ist zweifelhaft. Bejahend: Steiner § 9 Fußnote 1.

Die bes. Erwähnung des Konkursverwalters in der VO. bezieht sich auf den Fall, in dem er selbst Antragsteller nach § 172 ZVG. ist.

Für die Vertretung dieser Beteiligten gilt nun folgendes:

1. Der RA. erhält zunächst jährlich $^2/_{10}$ der vollen Gebühr für die ganze Vertretung 6
einschließlich des Verteilungsverfahrens (auch eines außergerichtlichen Verteilungsverfahrens: Art. 17 Abs. 4 mit Art. 19 Abs. 1 Satz 2), jedoch mindestens jährlich 10 RM. Die Gebühr wird berechnet aus dem Betrage, der in jedem Verwaltungsjahre zur Verteilung an die Gläubiger gelangt; die VO. führt hiefür die Bezeichnung: Wert der Einkünfte des Jahres ein.

a) Die „Einkünfte des Jahres" sind diejenigen Beträge, die in jedem Verwaltungs- 7
jahre zur Verteilung an die Gläubiger (§ 10 ZVG.) gelangen, einschließlich der Beträge, die der Verwalter ohne weiteres Verfahren zur Deckung der öffentlichen Lasten verwendet (§ 156 Abs. 1 ZVG.). Vgl. Art. 10 BayKostGes. Also nicht die Beträge, die für die Ausgaben der Verwaltung selbst und für die Kosten des Verfahrens verwendet werden (§ 155 Abs. 1 ZVG.)[3]).

b) Das erste Verwaltungsjahr beginnt mit der Wirksamkeit der Beschlagnahme 8
zum Zwecke der Zwangsverwaltung (§§ 22, 151 ZVG.)[4]).

Wenn aber das betreffende Jahr begonnen hat, so ist der volle Wert der Einkünfte 9
des Verwaltungsjahres maßgebend, auch wenn der Auftrag des RA. vor Beendigung des Jahres erlischt (Art. 21 Abs. 1).

c) Die jährliche Gebühr umfaßt alle Tätigkeiten in der „Instanz" einschließlich der 10
Wahrnehmung der Termine, des gerichtlichen oder außergerichtlichen Verteilungsverfahrens usw. Aber nur die Tätigkeiten in der „Instanz", nicht also im Beschwerdeverfahren. Hiezu vgl. Art. 17 Anm. 20.

Vgl. ferner Art. 17 Anm. 18.

2. Außer der jährlichen Gebühr nach Ziff. 1 erhält der RA. für den Antrag 11
auf Zwangsverwaltung oder Zulassung des Beitritts (falls er einen solchen Antrag stellt),

a) wenn er einen Gläubiger vertritt, eine einmalige Gebühr von $^3/_{10}$ aus dem sich nach § 15 GKG. berechnenden Werte des Anspruchs, wegen dessen er den Antrag stellte (bei mehreren Ansprüchen: aus dem zusammengerechneten Betrage), mindestens jedoch 10 RM. Vgl. hiezu Art. 18 Anm. 9; Art. 17 Anm. 28;

b) wenn er den Konkursverwalter als Antragsteller vertritt: eine einmalige Gebühr 12
von $^3/_{10}$ aus dem „Werte der Einkünfte" des Verwaltungsjahres, in dem der Antrag gestellt ist; auch hier aber mindestens 10 RM. Vgl. oben Anm. 8.

Beide Gebühren haben den Charakter von Betriebsgebühren. Sie umfassen das 13
ganze Zwangsverwaltungsverfahren, nicht die Beschwerdeinstanzen. Vgl. oben Anm. 10 und die dortigen Verweisungen, aber auch Anm. 14ff. und wegen des Verhältnisses zum Zwangsversteigerungsverfahren: Anm. 21.

3. Ausnahmen von den vorstehend wiedergegebenen Regeln werden gemacht, wenn 14
sich die Tätigkeit des RA. auf die Vertretung in dem Verfahren wegen Anordnung der Zwangsverwaltung oder wegen Zulassung des Beitritts beschränkt. Die Motive führen zur Erläuterung dieser Voraussetzungen die §§ 146—151,

[3]) Vgl. Steiner § 155 Anm. 3.

[4]) Vgl. Steiner § 151 Anm. 1.

§§ 15—27 ZVG. an. Gemeint ist offenbar dasjenige Verfahren, das lediglich die Anordnung der Zwangsverwaltung selbst (oder die Zulassung eines Beitritts) und die Ausführung derjenigen Handlungen betrifft, die zur Herbeiführung der Wirksamkeit der betreffenden Beschlagnahme erforderlich sind. Bei der auf dieses Verfahren beschränkten — d. h. tatsächlich beschränkten Tätigkeit (wäre der Auftrag darauf beschränkt, so kämen Art. 19ff. überhaupt nicht zur Anwendung: Vorb. zu Art. 17—22 Anm. 3) wird nun wieder unterschieden:

15 a) Hat der RA. einen Zwangsverwaltungsantrag (für einen Gläubiger oder den Konkursverwalter) gestellt, so erhält er nur die ihm nach Abs. 2 zustehende einmalige Gebühr von $^3/_{10}$ (oben Anm. 11—13), also nicht die jährliche Gebühr.

16 b) Hat er einen solchen Antrag nicht gestellt, vertritt er aber einen Gläubiger, so erhält er einmal $^2/_{10}$ aus dem Werte des Anspruchs (oder der zusammengerechneten Ansprüche), wegen deren die Zwangsverwaltung beantragt ist (§ 15 GKG.[5]), mindestens jedoch 5 RM. Auch hier entfällt die jährliche Gebühr.

17 c) Hat der RA. einen Zwangsverwaltungsantrag nicht gestellt und vertritt er den Konkursverwalter oder den Schuldner, so erhält er ebenfalls einmal $^2/_{10}$ der vollen Gebühr (nicht aber die jährliche Gebühr). Die Berechnung erfolgt aber hier aus dem Werte der Einkünfte des Verwaltungsjahres, in dem der Antrag gestellt ist, auf den sich die Tätigkeit des RA. bezieht und, wenn sie sich auf mehrere, in verschiedenen Verwaltungsjahren gestellte Anträge bezieht, aus dem größten Betrage dieser Jahreseinkünfte. Mindestbetrag auch hier: 5 RM. Vgl. ferner Anm. 8.

18 B. Der Anwalt vertritt einen anderen Berechtigten als den Gläubiger. Für diese Fälle bestimmt Art. 20 folgendes:

1. Der RA. erhält für die Vertretung in dem Anordnungsverfahren (oben Anm. 14) eine einmalige Gebühr von $^2/_{10}$, jedoch mindestens 5 RM.,

für die Vertretung in dem weiteren Verfahren $^3/_{10}$, jedoch mindestens 10 RM. Das weitere Verfahren umfaßt auch hier das amtliche Verteilungsverfahren mit, desgleichen ein etwaiges außergerichtliches Verteilungsverfahren.

19 Die Gebühren haben den Charakter von Pauschgebühren, sie umfassen alle Handlungen, soweit sie nicht zu einer besonderen „Instanz", insbesondere zu einer Beschwerdeinstanz gehören. Vgl. im einzelnen Art. 17 Anm. 18—20, 22.

20 2. Die unter 1 angeführten Gebühren werden berechnet aus dem Wert der wiederkehrenden Leistungen eines Verwaltungsjahres. Die „wiederkehrenden Leistungen" sind die in laufenden Beträgen jährlich zu zahlenden Forderungen, „die Einkünfte des Jahres" (Anm. 6) sind die Beträge, die tatsächlich an diese Gläubiger in einem Jahre bezahlt werden. Ist nun der Wert der Einkünfte des Jahres, in dem der RA. zuerst seine Tätigkeit entwickelt hat (vgl. auch Anm. 8), geringer als der Wert der wiederkehrenden Leistungen, so soll der geringere Wert maßgebend sein, vorbehaltlich der in Anm. 18 angegebenen Mindestbeträge.

21 **III. Zwangsverwaltung und Zwangsversteigerung.**

Grundsätzlich sind die beiden Verfahrensarten gebührenrechtlich vollkommen unabhängig von einander. Sie sind gänzlich verschiedene Angelegenheiten, auch wenn sie tatsächlich in enger Verbindung miteinander stehen.

---

[5]) Merzbacher[2] Art. 19 Anm. 9.

Nur eine Ausnahme verfügt Art. 21 Abs. 2: die Mindestbeträge des Zwangsverwaltungsverfahrens (oben Anm. 6, 11, 12, 16, 17, 18, 20) mindern sich auf die Hälfte, wenn der RA. denselben Beteiligten gleichzeitig in einem bezüglich derselben Gegenstände stattfindenden Zwangsversteigerungsverfahren vertritt. Solange aber das Zwangsverwaltungsverfahren allein schwebt oder der RA. die Partei nur in diesem vertritt, soll es bei den Vorschriften der Art. 19, 20 in vollem Umfange verbleiben.

Artikel 22.

Die für das Verfahren der Zwangsversteigerung geltenden Vorschriften sind auch bei der gerichtlichen Versteigerung eines Bergwerks oder einer Anlage, auf welche die Vorschrift des Artikel 258 des Berggesetzes Anwendung findet, und bei der im Artikel 267 Abs. 2 des Berggesetzes vorgeschriebenen Zwangsversteigerung eines unbeweglichen Kuxes anzuwenden.

Artikel 22 enthält lediglich eine Ergänzung der Liste derjenigen Fälle, in denen die Vorschriften der Art. 17 und 18 Anwendung finden. 1

Es handelt sich um Fälle, in denen zwar eine gerichtliche Versteigerung, aber nicht eine Zwangsvollstreckung stattfindet. Das Verfahren ist geregelt in den Art. 44—51 Bay. AGZVG. Es finden danach die Vorschriften des ZVG. mit einigen Modifikationen Anwendung*), die für das Kostenrecht keine Schwierigkeiten bereiten dürften.

An Stelle der in Art. 22 angeführten Artikel des Berggesetzes sind jetzt die Artikel 281 (statt 258) und 290 (statt 267) getreten. 2

Artikel 23.

Auf die Berufstätigkeit des Rechtsanwalts in einem Verteilungsverfahren außerhalb der Fälle der Zwangsversteigerung und der Zwangsverwaltung, das nach den für die Verteilung des Erlöses im Falle der Zwangsversteigerung geltenden Vorschriften zu erledigen ist, finden die Vorschriften der Artikel 17, 18 entsprechende Anwendung.

Es gibt in der Reichs- und in der bayer. Landesgesetzgebung Fälle, in denen außerhalb der Zwangsversteigerung oder Zwangsverwaltung ein Verteilungsverfahren stattfindet, das nach den Grundsätzen der Zwangsversteigerung zu erledigen ist. Das gilt z. B. von den Fällen der Art. 53, 54 EGBGB., Art. 24 AGZPO. und KO.; Art. 153 Nr. III AGBGB.; Art. 189 Berggesetz; Art. 7 TorfwirtschGes. 25. Febr. 1920 (GVBl. 42); Art. 5 des Ges. über Zwangsenteignung für Ansiedlungszwecke vom 28. März 1919 (GVBl. 117) u. a.[1]) 1

Findet ein solches Verteilungsverfahren statt, so gelten die Vorschriften der Art. 17, 18 entsprechend, d. h. die in Art. 17 für das Verteilungsverfahren festgesetzte Gebühr ($^3/_{10}$) findet Anwendung, ebenso die Streitwertvorschriften des Art. 18, soweit sie einschlägig sind. Hinsichtlich der Beteiligten vgl. insbes. Art. 24 Abs. 3 AGZPO. und KO. 2

---

*) Vgl. dazu Steiner 501ff.

[1]) Die Begründung zu Art. 23 (JMBl. 1902, 481/2) zählt eine größere Anzahl von Fällen auf; seit 1902 haben sich dieselben noch vermehrt. Die vollständige Aufzählung hat bei der geringen praktischen Bedeutung für das Anwaltsgebührenrecht kein Interesse.

Artikel 24.

Im Verfahren zur Vermittelung der Auseinandersetzung in Ansehung eines Nachlasses oder des Gesamtguts einer ehelichen oder fortgesetzten Gütergemeinschaft erhält der Rechtsanwalt je die volle Gebühr

1. für den Geschäftsbetrieb einschließlich der Information,
2. für die Wahrnehmung der Termine vor dem Amtsgericht oder dem Notar einschließlich der Mitwirkung bei einer Vereinbarung über vorbereitende Maßregeln und über den Auseinandersetzungsplan.

Hat der Rechtsanwalt den Antrag auf Vermittelung der Auseinandersetzung gestellt, so stehen ihm weitere fünf Zehnteile der vollen Gebühr zu.

Die Berechnung der Gebühr erfolgt aus dem Werte des Anteils des Auftraggebers an dem Nachlaß oder dem Gesamtgut; ein Abzug der Schulden findet nicht statt.

Übersicht.

1 **I. Anwendungsfälle des Art. 24. Das Verfahren.**

1. Hinterläßt ein Erblasser mehrere Erben, so hat das Nachlaßgericht nach § 86 FGG. auf Antrag die Auseinandersetzung in Ansehung des Nachlasses zwischen den Beteiligten zu vermitteln, sofern nicht ein zur Bewirkung der Auseinandersetzung berechtigter Testamentsvollstrecker vorhanden ist. Antragsberechtigt ist jeder Miterbe, der Erwerber eines Erbteils sowie derjenige, welchem ein Pfandrecht oder ein Nießbrauch an einem Erbteile zusteht (§ 86 Abs. 2 FGG.).

2 Nach § 192 FGG. dürfen die Landesgesetze bestimmen, daß das Nachlaßgericht die Nachlaßauseinandersetzung von Amts wegen zu vermitteln hat, wenn sie nicht binnen einer bestimmten Frist bewirkt ist; von diesem Recht hat Bayern Gebrauch gemacht (Art. 4 Nachlaßges. vom 9. Aug. 1902).

3 Gemäß Art. 147 EGBGB. hat Bayern ferner nach näherer Bestimmung der Art. 104 AGBGB., 6 und 8 NachlGes. die Notare neben den Amtsgerichten hinsichtlich der Vermittelung der Auseinandersetzung für zuständig erklärt.

4 2. Das Verfahren (**im folgenden kurz: AV. genannt**) richtet sich nach den Vorschriften der §§ 87 bis 98 FGG. Die Antragsberechtigten im Falle des nur auf Antrag stattfindenden Verfahrens wurden oben bereits genannt[1]). Es ist zu beachten, daß zu ihnen nicht die Nachlaßgläubiger, also auch nicht die Vermächtnisnehmer gehören. Außer den Antragsberechtigten sind noch die (übrigen) Beteiligten zu erwähnen. Als Beteiligte bezeichnet man Personen, „von deren Mitwirkung die dauernde Wirksamkeit der Auseinandersetzung abhängt“, z. B. Nacherben, deren Zustimmung erforderlich ist[2]). Beteiligte können sich im Verfahren auch durch einen Bevollmächtigten vertreten lassen.

---

[1]) Im einzelnen vgl. Keidel FGG.[3] § 86 Anm. 7.
[2]) Keidel FGG.[3] § 86 Anm. 6.

Das Gericht (bzw. der Notar) bereitet nun einen Verhandlungstermin vor, indem 5
es nötigenfalls gemäß § 87 Abs. 2 FGG. weitere Aufschlüsse verlangt. Dann wird der Termin anberaumt; die Beteiligten werden unter Androhung gewisser Ausschlußfolgen geladen (§§ 89, 90). Haben die Beteiligten vor der endgültigen Auseinandersetzung eine Vereinbarung über vorbereitende Maßregeln, insbesondere über die Art der Teilung, getroffen, so hat das Gericht sie zu beurkunden und, wenn alle erschienen sind, zu bestätigen. Im übrigen werden auch Vorschläge einzelner beurkundet und den anderen Beteiligten unter Setzung einer Ausschlußfrist mitgeteilt. Schweigen gilt als Zustimmung. Das Nähere bestimmt § 91 FGG. Gegen die Versäumnisfolgen kann eventuell Wiedereinsetzung in den vorigen Stand gewährt werden (§ 92).

Ähnlich verläuft das Verfahren bezüglich des Termins zur endgültigen Auseinander- 6
setzung, der übrigens auch mit dem Vorbereitungstermin verbunden werden kann [3]) (§§ 93—95 FGG.). § 96 regelt verschiedene Fälle der sofortigen Beschwerde, die hier z. T. Rechtsbeschwerde ist, die §§ 97, 98 ordnen die Rechtswirkungen der vorgängigen Vereinbarung und Auseinandersetzung und ihre Vollstreckbarkeit.

3. Nach Beendigung einer ehelichen Gütergemeinschaft oder einer fortgesetzten Güter- 7
gemeinschaft finden auf die Auseinandersetzung in Ansehung des Gesamtguts die Vorschriften der §§ 86 bis 98 FGG. entsprechende Anwendung (§ 99.) Dieses Auseinandersetzungsverfahren findet nur auf Antrag statt. Die Zuständigkeit der Notare (§ 193 FGG.) gilt in Bayern auch hier.

II. Gebühren der Rechtsanwälte und Gegenstandswert. 8

1. Es ist zunächst hier ebenso wie beim Zwangsversteigerungsverfahren festzustellen, daß Art. 24 nur dann gilt, wenn der Anwalt für das ganze (dem Auftrag nachfolgende) Verfahren — soweit es nicht etwa eine andere „Instanz" darstellt — bevollmächtigt bzw. zum Beistand bestellt ist. Art. 25 hebt dies noch ausdrücklich hervor.

Eine weitere Beschränkung des Anwendungsgebiets ergibt sich aus der Natur der 9
Sache, insbesondere aus den Vorschriften über die Gebühren und den Gegenstandswert, die nur auf die Vertretung Beteiligter zugeschnitten sind. Vertritt aber der RA. eine Person, die in thesi gar nicht Beteiligter sein kann (beantragt er z. B. für einen Nachlaßgläubiger das AV.), so findet Art. 24 auf seine Vergütung keine Anwendung. Dieselbe ist vielmehr (wenn er ihrer aus zivilrechtlichen Gründen nicht überhaupt verlustig geht) nach Art. 6 ff. zu berechnen. Anders wieder, wenn er eine Person vertritt, die zu einer an sich nach dem Gesetz beteiligten Kategorie gehört, deren Beteiligung aber — z. B. aus tatsächlichen Gründen, etwa weil sie nicht Miterbe oder Nacherbe sei — vom Gericht nicht anerkannt wird. Vgl. auch Art. 17 Anm. 15.

2. Der RA., der einen Beteiligten im Sinne der Anm. 9 vertritt, erhält zunächst 10
eine volle Gebühr nach § 9 RAGebO. für den Geschäftsbetrieb einschließlich der Information. Diese Gebühr trägt vollkommen den Charakter einer Prozeßgebühr; sie wird auch mit den Worten des § 13 Nr. 1 RAGebO. gekennzeichnet Sie fällt also immer an, sobald ein auf das Verfahren bezüglicher Auftrag erteilt ist (Art. 27 Abs. 1 u. 2 mit § 29 RAGebO.) sie entsteht ferner neben den übrigen Gebühren des Art. 24 und sie mindert sich in keinem Falle, da eine dem § 14 RAGebO. entsprechende Vorschrift nicht gilt. Sie umfaßt anderseits jede auf das Verfahren bezügliche Tätigkeit, die nicht

[3]) Keidel³ § 91 Anm. 1.

unter eine andere Gebühr des Art. 24 oder eine daneben zuzubilligende Gebühr (z. B. die Hebegebühr) fällt.

11 Eine *volle Terminsgebühr* wird weiter zugebilligt für die Wahrnehmung der gerichtlichen oder notariellen Termine einschließlich der Mitwirkung bei einer Vereinbarung über vorbereitende Maßregeln und über einen Auseinandersetzungsplan. Die Termine, von denen Art. 24 Abs. 1 spricht, brauchen nicht gerade die im FGG. vorgesehenen, es können auch andere Termine innerhalb des Auseinandersetzungsverfahrens sein[4]). Nur müssen sie den Charakter von „Terminen" (vgl. Art. 10 Anm. 3) haben und vor dem AG. oder dem Notar stattfinden. Über den Begriff der *Wahrnehmung* eines Termins vgl. Art. 10 Anm. 4.

12 Daß neben der Terminsgebühr oder der Betriebsgebühr nicht noch eine besondere Vergleichsgebühr in diesem Verfahren anfällt, ergibt sich aus dem Pauschalprinzip und daraus, daß dieses Verfahren ja vornehmlich auf eine gütliche Einigung *gerichtet* ist. Die Mot've bestätigen, daß der Ausschluß der Vergleichsgebühr beabsichtigt war. Das gilt auch von einem vor Beendigung des Verfahrens abgeschlossenen *außeramtlichen* Vergleich. S. u. Art. 27 Anm. 31.

13 Endlich erhält der RA., der einen *Antrag* auf Vermittelung der Auseinandersetzung gestellt d. h. bei Gericht oder dem Notar eingereicht hat, eine weitere Gebühr von $^5/_{10}$ der vollen Sätze des § 9 RAGebO. Hat er den Antrag nur gefertigt, aber noch nicht eingereicht, so erhält er auch nicht einen Teil der Antragsgebühr. Er ist ja durch die Betriebsgebühr regelmäßig genügend entschädigt.

14 3. Die Berechnung der Gebühren des Art. 24 erfolgt aus dem Werte des Anteils des Auftraggebers an dem Nachlaß oder dem Gesamtgut. Ein Abzug von Schulden findet nicht statt[5]).

Ist also der Miterbe, den der RA. vertritt, zu $^1/_4$ beteiligt, so berechnen sich die Gebühren aus $^1/_4$ des Brutto-Nachlaßwerts. Das gilt ebenso, wenn er einen Pfandgläubiger dieses Miterben vertritt, mag auch die durch das Pfandrecht gesicherte Forderung erheblich niedriger sein als der Wert des Anteils. Der Anwalt muß ja hier bei der Auseinandersetzung die vollen Rechte des Miterben ebenfalls wahren; die Vorschrift ist also sinngemäß. Wenn der Anwalt beispielsweise einen Nacherben vertritt, der als Beteiligter zugezogen wird, so berechnen sich seine Gebühren aus dem Anteil oder den Anteilen, auf die sich die Nacherbschaft bezieht.

15 **III. Wegen der Frage der entsprechenden Anwendung des Art. 24** auf andere Fälle, insbes. die außergerichtliche Auseinandersetzung von Nachlässen usw. vgl. Art. 26 Anm. 10a.

Artikel 25.

Die Vorschriften der Artikel 6 bis 16 finden auf die in den Artikeln 17 bis 24 aufgeführten Angelegenheiten nur dann Anwendung, wenn sich der Auf-

---

[4]) Wenn der RA. etwa beim Vormundschaftsgericht (oder beim Nachlaßgericht nach § 97 Abs. 2 FGG.) die vormundschaftsgerichtliche Genehmigung erholen muß und wenn zu diesem Zwecke ein Termin stattfindet, so ist dies eine Tätigkeit in einem gesonderten Verfahren, die weder unter die Betriebsgebühr noch unter die Terminsgebühr des Art. 24 fällt. Vgl. Art. 17 Anm. 20.

[5]) Wegen der Frage der Bindung des RA. an die gerichtliche Wertfestsetzung in diesem Verfahren vgl. Art. 27 Anm. 13.

trag auf eine einzelne Tätigkeit oder auf mehrere einzelne Tätigkeiten im Verfahren beschränkt.

1. Wir haben schon bei Erörterung der Gebühren in Sachen der Zwangsversteigerung usw. (Art. 17 bis 23) und im Auseinandersetzungsverfahren (Art. 24) darauf hingewiesen, daß die dort erfolgte Regelung von der Erteilung von Gesamtaufträgen an den RA. ausgeht. Er muß eine Stellung einnehmen, die der eines Prozeßbevollmächtigten im Zivilprozeß entspricht. Der Auftrag muß sich also grundsätzlich auf das ganze künftige Verfahren erstrecken, soweit es nicht in eine neue Instanz (Beschwerdeverfahren) übergeht. Vgl. Vorb. zu Art. 17 bis 23 Anm. 3, Art. 24 Anm. 8. 1

2. Wenn sich dagegen der Auftrag nur auf eine Einzeltätigkeit oder auf mehrere Einzeltätigkeiten erstreckt, so finden auch in den bezeichneten Verfahrensarten die Art. 6 bis 16 Anwendung, während diese Bestimmungen nicht etwa neben denen der Art. 17 bis 24 gelten, falls ein Gesamtauftrag vorliegt; das würde ja dem für diese Verfahren geltenden Pauschalprinzip widersprechen (vgl. § 29 RAGebO., Art. 27 Abs. 2 RpflVO.). Ein Einzelauftrag im Sinne des Art. 25 ist auch dann anzunehmen, wenn sich der Auftrag zwar auf ganze gebührenrechtlich einheitliche Tätigkeitsgruppen bezieht, aber doch nicht auf das ganze bei Auftragserteilung noch bevorstehende Verfahren: so wenn der Gläubiger von vornherein nur bis zum Verteilungsverfahren vertreten sein will und dann nicht weiter. Auch dann ist nach Art. 6ff. zu liquidieren. Diese Fälle sind übrigens praktisch selten. 2

3. Kommen die Art. 6 bis 16 zur Anwendung, so gelten auch die besonderen Vorschriften der Art. 17—24 über die Wertberechnung nicht. Der Gegenstandswert ist vielmehr nach den allgemeinen Grundsätzen des Art. 15 (siehe diesen) zu bestimmen. Trotzdem besteht ein Zusammenhang zwischen der Einzelberechnung nach Art. 6ff. und der Berechnung nach Art. 17—24. Nach Art. 27 Abs. 2 finden nämlich auch die §§ 48, 49 RAGebO. entsprechende Anwendung. Vertritt also der RA. einen Beteiligten in dem Verfahren nach Art. 17—23 oder einen Miterben usw. im Falle des Art. 24, so kann er auf Grund von Einzelaufträgen in derselben „Instanz" nie mehr erhalten, als wenn er die von ihm geleistete Tätigkeit auf Grund eines Gesamtauftrags (wie ein Prozeßbevollmächtigter) ausgeübt hätte. 3

4. Das zuletzt unter 3 Gesagte gilt jedoch nicht, wenn der RA. z. B. im Zwangsversteigerungsverfahren keinen Beteiligten, sondern eine andere Person vertritt, etwa einen Dritten, der, ohne am Verfahren beteiligt zu sein, das Anwesen einsteigern will und den Anwalt in zwei Versteigerungsterminen für sich auftreten läßt. Hier ist die Liquidation des Anwalts ganz unabhängig von den Normen der Art. 17 und 18, die ja für solche Fälle überhaupt keine Bestimmungen enthalten. Der Anwalt wird also nach Art. 6 bis 16 mit Informations-, Terminsgebühren usw. lediglich unter den Beschränkungen des Art. 14 honoriert. Der Wert wird sich bei solcher Tätigkeit regelmäßig nach dem Höchstbetrag richten, bis zu dem die Partei dem Anwalt gestattet hat, zu bieten. 4

Artikel 26.

Ist für das dem Rechtsanwalt übertragene Geschäft eine Gebühr nicht bestimmt, so erhält er eine unter entsprechender Anwendung der Vorschriften der Reichsgebührenordnung für Rechtsanwälte und dieser Verordnung zu bemessende Gebühr.

Übersicht.

1 1. Die Vorschrift entspricht dem § 89 RAGebO., während Art. 13 — allerdings nur in Anwendung auf die Art. 7—12 — die Stelle des § 90 RAGebO. einnimmt. Alle diese Vorschriften haben den Zweck, Lücken des Gesetzes auszufüllen, die sich einerseits aus dem Pauschalsystem, anderseits aber auch aus oder bei dem Einzelgebührensystem ergeben können.

2 2. Art. 26 kommt selbstverständlich nur in Frage, wenn an sich die Tätigkeit in das Anwendungsgebiet der RpflVO. fällt. Liegt ferner ein Fall der entsprechenden Anwendung der RAGebO. als Ganzes vor, so ist formell § 89, nicht Art. 26 heranzuziehen.

3 3. Die Anwendung der Vorschrift des Art. 26 darf nur mit großer Vorsicht und unter strenger Wahrung der Systematik des Gesetzes erfolgen. Soweit das Pauschalsystem herrscht (wie z. B. bei den Art. 17—24), ist grundsätzlich jede Tätigkeit, die zur „Instanz" gehört, durch eine Pauschgebühr gedeckt. Art. 26 kann daher beim Pauschsystem nur dann zur Anwendung kommen, wenn der Auftrag sich auf eine einzelne Tätigkeit beschränkt, die sonst unter eine Pauschgebühr fallen würde, die aber den Rahmen der Pauschgebühr nicht ausfüllt. Das kann aber in unserem Beispiel gar nicht vorkommen; denn wenn sich der Auftrag auf Einzeltätigkeiten in den Verfahren der Art. 17—24 beschränkt, dann kommen diese Vorschriften gar nicht zur Anwendung, sondern die Art. 6—16; eine Lücke ist gar nicht vorhanden[1]).

4 4. Aber auch da, wo Einzelgebührensystem herrscht, muß, wenn eine Tätigkeit in Frage kommt, die an sich nicht unter die Einzelgebühr zu fallen scheint, stets gefragt werden, ob gleichwohl eine Honorierung dem Willen des Gesetzes entspricht. Erst wenn diese Frage bejaht wird, kommt Art. 26 zur Anwendung.

5 Handelt es sich um ein Neben- oder Vorbereitungsgeschäft im Sinne des Art. 16, für das keine besondere Gebühr (wie z. B. die Hebegebühr des § 87 RAGebO.) bestimmt ist, und gedeiht das Hauptgeschäft bis zur Entstehung einer der Gebühren der Art. 7—12, so kann — eben mit Rücksicht auf die Vorschrift des Art. 16 — auch für das Vorbereitungs- oder Nebengeschäft nichts liquidiert werden. Ist eines der in Art. 7—12 bezeichneten Geschäfte begonnen oder vorbereitet, erledigt sich aber der (auf die Ausführung eines der Geschäfte der Art. 7—12 gerichtete) Auftrag vor der Ausführung, so kommt Art. 13 (der dem § 90 RAGebO. entspricht) zur Anwendung. Beschränkt sich dagegen der Auftrag von vornherein auf ein Geschäft, das unter keine der Kategorien der Art. 7—12 fällt, dann greift Art. 26 ein. Zieht also die Partei den Anwalt nur zu einer Besprechung mit einer anderen Partei zu, um unter seiner Mitwirkung über einen zu schließenden Vertrag zu verhandeln, so fällt diese Tätigkeit unter keine der genannten Be-

[1]) Merzbacher sagt (Art. 27 Anm. 2 Seite 58), die entsprechende Anwendung des § 44 RAGebO. ergebe sich schon aus Art. 26. Aber das trifft weder für die Fälle der Art. 6ff., auf die sich die Bemerkung von Merzbacher bezieht, und in denen es keine Prozeßgebühr gibt, noch auf die Fälle der Art. 17ff. zu. Art. 27 hat den § 44 absichtlich nicht angeführt.

stimmungen; die Gebühr muß nach Analogie einer anderen Vorschrift gefunden werden. Daneben wird regelmäßig die Informationsgebühr anfallen.

Endlich sind auch noch Fälle denkbar, in denen im Rahmen einer umfassenderen Angelegenheit und eines ebensolchen Auftrags Tätigkeiten ausgeübt werden, die sich weder als zur Vorbereitung eines gebührenpflichtigen Geschäfts erforderlich noch als Nebengeschäft desselben (Art. 16) darstellen. Z. B. die Partei bittet den Anwalt, der Auftrag hat ein noch nicht ganz perfektes Gründungsgeschäft zu beurkunden, sie auf einer Reise zu begleiten, „da man nicht wissen könne, was sich bei der Besprechung mit der gegnerischen Gruppe noch für Schwierigkeiten ergeben". Aber die Fälle sind praktisch selten, weil tatsächlich die in der VO. behandelten Geschäftstypen mit ihren Vorbereitungs- und Nebengeschäften den weitaus größten Teil der anwaltschaftlichen Betätigung außerhalb des Prozesses umfassen. 6

Ganz unzulässig ist es, das System des Gesetzes dadurch zu durchbrechen, daß man gewisse Akte, auch wenn sie unverkennbar die Eigenschaft von Vorbereitungs- oder Nebengeschäften haben, wegen der Art ihrer Erscheinungsform, wegen ihres Umfangs, ihrer Schwierigkeit usw. als selbständige gebührenpflichtige Geschäfte heraushebt; z. B. Besprechungen außerhalb der Büroräume des Anwalts, die sich als Vorbereitung eines dann zustandegekommenen Vergleichs darstellen; Teilnahme an Gründungsversammlungen, wenn der Anwalt Auftrag hat den Gründungsvertrag zu entwerfen usw. Hier wird vielfach eine Gebühr nach Analogie der Terminsgebühr angenommen und sogar die Begründung zu Art. 10 RpflVO. sagt[1a]) — allerdings ohne zu unterscheiden und ohne tiefer auf die erörterten Fragen einzugehen: 7

> „Unter den Artikel (10) fällt demnach nicht jede Tätigkeit des RA. außerhalb seiner Geschäftsräume an einem hiezu bestimmten Orte zu einer bestimmten Zeit, sondern nur die Tätigkeit vor einer Behörde ..... Leistet der RA. seinem Auftraggeber Beistand bei einer Besprechung mit einem Dritten an einem hiezu bestimmten Orte außerhalb seiner Geschäftsräume, so soll die Gebühr auf Grund des Art. 26 zu bestimmen sein."

Das kann richtig sein, nämlich in den Fällen des Art. 13, dann in den oben in Anm. 5 und 6 behandelten Fällen, dagegen nicht in den weitaus häufigeren Fällen des Art. 16[1b]). In diesen ist nicht mit Art. 26, sondern mit der viel elastischeren Angemessenheitsklausel zu helfen.

5. Es gibt nun aber auch Fälle — und darin liegt die Hauptbedeutung des Art. 26 —, in denen zwar die Anwendung der Art. 6ff. möglich ist, in denen aber aus besonderen Gründen — nach der geschlossenen Struktur des betreffenden Verfahrens — anzunehmen ist, daß die Anwendung dieses im wesentlichen auf die Honorierung von Einzelakten abgestellten Systems nicht dem Willen des Gesetzes entspricht. Das ist z. B., wie wir schon bei Art. 1 Anm. 28 gesehen haben, der Fall, wenn es sich um ein echtes Prozeßverfahren, insbes. ein echtes Zivilprozeßverfahren handelt, das nicht kraft positiver Vorschrift einer anderen Verfahrensart angehört[2]). Hierher gehören vor allem die Zivil- und Strafprozesse vor ausländischen Gerichten und das Verfahren vor den gemischten Schiedsgerichtshöfen. 8

[1a]) JMBl. 1902, 464.

[1b]) Die Terminsgebühr kann natürlich z. B. bei einer Generalversammlung anfallen, wenn dieselbe sich zugleich als ein Termin vor dem Notar darstellt.

[2]) Wie z. B. das Aufwertungsverfahren, das der freiw. Gerichtsbarkeit zugeteilt ist.

9 Dagegen erscheint es mir bedenklich, auf die Beistandleistung im Sühneverfahren nach § 380 StPO. die Bestimmungen des 4. Abschnittes der RAGebO. anzuwenden. In Bayern gilt vielmehr hier die VerwGebO., deren Normen auf dieses Verfahren durchaus passen (oben Art. 4 Anm. 5). Ebenso finde ich keine genügende Begründung für die Anwendung des Art. 26 auf den Verkehr des RA. mit der Staatsanwaltschaft im strafprozessualen Vorverfahren[3]). Auch hier ist die VerwGebO., eventuell kraft ihres Art. 22, anzuwenden.

10 Ob die außergerichtliche Regelung der Schuldverhältnisse des Klienten eine Angelegenheit ist, die nach Analogie der Bestimmungen des 3. Abschnitts der RAGebO. zu behandeln ist, ist zweifelhaft[4]); bei näherer Prüfung möchte ich die Frage verneinen. Zunächst kann man hier von einem geschlossenen Verfahren überhaupt nicht sprechen. Die Sachbehandlung ist völlig formlos und ihre Art dem Ermessen der Partei und ihres Anwalts anheimgegeben. Die Analogie der (an sich nicht sehr glücklichen) Vorschriften des 3. Abschnitts, insbes. des § 61a RAGebO. paßt in aller Regel weniger als die Einzelbestimmungen der Art. 6ff. und es kann daher der oben angedeutete „Wille des Gesetzgebers" schwerlich im Sinne der gegenteiligen Meinung unterstellt werden. Auch hier ist die Angemessenheitsklausel ein besserer Behelf als die Heranziehung des Art. 26.

10a Auch die außergerichtliche Regelung eines Nachlasses, die Auseinandersetzung bezüglich eines Gesamtguts oder einer anderen Gemeinschaft, Gesellschaft usw. kann m. E. nicht ohne weiteres nach Analogie des Art. 24 behandelt werden[4a]). Wenn die Motive hier auf Art. 26 verweisen und beifügen, Art. 24 gebe Anhaltspunkte für die Bemessung des Gebührenbetrags im einzelnen Falle, so kann letzteres heute zutreffen, wenn es sich darum handelt, für Anwendung der Angemessenheitsklausel einen richtigen Maßstab zu finden.

11 6. Die Frage, ob die RAGebO. oder die RpflVO. nach Art. 26 analog anzuwenden sei, entscheidet sich nach der Natur des Einzelfalles.

Artikel 27.

Die Vorschriften der §§ 2 bis 8, 11, 12, 26, § 29 Abs. 2, § 30, § 31 Abs. 1, §§ 32 bis 36, 76 bis 87, 93, 94 der Reichsgebührenordnung für Rechtsanwälte finden, soweit nicht ein anderes bestimmt ist, in den Fällen der Artikel 4 bis 26 entsprechende Anwendung.

In den Fällen der Artikel 17 bis 23 finden auch die Vorschriften der §§ 10, 25, § 29 Abs. 1, §§ 41, 48 bis 51, 90 der Reichsgebührenordnung für Rechtsanwälte, in den Fällen des Artikel 24 dieselben Bestimmungen mit Ausnahme des § 41 entsprechende Anwendung.

Sind der Auftrag zu einem Antrag auf Eintragung einer Sicherungshypothek und der Auftrag zur Einleitung des Verfahrens der Zwangsversteigerung oder des Verfahrens der Zwangsverwaltung bezüglich desselben Anspruchs auf Grund desselben Schuldtitels gleichzeitig erteilt worden, so wird, wenn beide Aufträge ausgeführt werden, die Gebühr für den Antrag

---

[3]) A. M.: Walter-Joachim-Friedlaender[8] Vorb. z. 4. Abschnitt Anm. 12 u. 13; Friedlaender-Kraemer Art. 14 Anm. 3.

[4]) Für Anwendung des 3. Abschnitts: EGH. 10, 58; LZ. 1911, 316 (OLG. Kolmar); Friedlaender-Kraemer Art. 14 Anm. 3.

[4a]) A. M.: Merzbacher, Zusatz zu Art. 24 S. 53.

auf Eintragung der Sicherungshypothek auf die im Artikel 17 Abs. 2 oder im Artikel 19 Abs. 2 bestimmte Gebühr angerechnet.

Übersicht.

I. Allgemeines. 1

Artikel 27, dessen Vorschriften im Vorausgehenden schon öfters angeführt, z. T. auch bereits erläutert wurden, zerfällt in 4 Abteilungen: zunächst werden diejenigen Vorschriften der RAGebO. aufgezählt, die in den Fällen der Art. 4 bis 26 entsprechende Anwendung finden sollen (Abs. 1), dann diejenigen, die nur in den Fällen der Art. 17 bis 23 (Zwangsversteigerung und Zwangsverwaltung usw.), an dritter Stelle diejenigen, die nur im Falle des Art. 24 (Auseinandersetzungsverfahren) anzuwenden sind (Abs. 2). Der dritte Absatz endlich gibt eine Sondervorschrift für die Immobiliarzwangsvollstreckung (Sicherungshypothek und Versteigerungs- oder Zwangsverwaltungsantrag betr.).

II. Die einzelnen Bestimmungen. 2

A. Die Gruppe des Abs. 1.

Die im ersten Absatz angeführten Vorschriften der RAGebO. sollen in allen Fällen der RpflVO. entsprechende Anwendung finden. Nicht genannt sind die Art. 1—3, weil hier ohnedies die RAGebO. als Ganzes für anwendbar erklärt ist. Die folgenden Ausführungen sind aber z. T. auch auf diese Vorschriften mitabgestellt.

Im allgemeinen ist zur Erläuterung der angeführten Vorschriften auf die Kommentare zur RAGebO. zu verweisen. Die folgenden Darlegungen beziehen sich nur auf diejenigen Fragen, die sich bei der „entsprechenden Anwendung" auf das Landesgebührenrecht ergeben.

1. §§ 2 bis 8 RAGebO. 3

§ 4 (der Beistand wird grundsätzlich ebenso honoriert wie der Vertreter) wurde schon in mehrfachen Anwendungsfällen erwähnt (Vorb. zu Art. 17—23 Anm. 3; Art. 17 Anm. 16 u. a.); § 5 ebenfalls (Art. 8 Anm. 7).

Wichtig ist die Anwendbarkeit des § 6 (dessen richtige Auslegung den Ansatz von Schreibgebühren und Barauslagen, z. B. Porti, für Kostenrechnungen gestattet[1])) und des § 7, der den Betrieb eigener Angelegenheiten des RA. betrifft. Dabei ist zu beachten, daß diese Vorschrift einmal die Verpflichtung des Gegners voraussetzt, der Partei überhaupt die Kosten zu erstatten, ferner aber, daß nach den einschlägigen Normen die Partei speziell den Ersatz der Kosten eines bevollmächtigten Anwalts vom Gegner verlangen könnte. Wenn also z. B. die Kosten eines Bevollmächtigten oder speziell eines Anwalts in dem betreffenden Verfahren grundsätzlich nicht erstattungsfähig sind, so kann auch § 7 nicht zur Anwendung kommen: so wenn ein RA. als Konkursverwalter beim 4

---

[1]) Walter-Joachim-Friedlaender[8] § 6 Anm. 2. A. M. Baumbach RKostG[3] § 6 Anm. 1 RAGebO.

Arbeitsgericht (erster Instanz) auftritt und obsiegt. Das ArbGG. versagt die Erstattung der Kosten eines Prozeßbevollmächtigten; daher entfällt auch die Anwendbarkeit des § 7[2]).

5 Läßt das betr. Verfahren zwar die Erstattung der Kosten eines RA. an sich zu, erklärt es sie aber nicht unbedingt für erstattungsfähig wie § 91 ZPO., so kommt es für die Anwendbarkeit des § 7 eben darauf an, ob solche Kosten im einzelnen Falle, nach Lage der Sache usw. erstattungsfähig sein würden. So etwa im Verf. der freiwilligen Gerichtsbarkeit, im Aufwertungsverfahren usw.[2a]).

6 Gilt in dem Verfahren, auf das die RpflVO. Anwendung findet, § 91 ZPO. oder eine entsprechende Rechtsnorm, wie z. B. im Zwangsversteigerungsverfahren gegenüber dem Gläubiger, so kommt § 7 in demselben Umfang wie im Zivilprozeß zur Geltung.

7 Aber auch bei rein außergerichtlicher Tätigkeit kann § 7 mit Art. 27 Abs. 1 zur Anwendung gelangen. Wenn z. B. ein RA. in eigener Sache (etwa als Hypothekgläubiger) einen Mahnbrief bei Verzug des Schuldners schreibt, so hat der Schuldner dem Anwalt die Kosten zu erstatten, soweit er einem anderen Gläubiger die Anwaltskosten erstatten müßte; ebenso wenn sich an den Brief Vergleichsverhandlungen anschließen und der Schuldner schließlich „die Kosten" übernimmt[3]).

8 § 8 RAGebO. setzt die einzelne Mindestgebühr auf 1 RM. fest und verfügt die Aufrundung von Pfennigbeträgen auf den nächsthöheren durch 5 teilbaren Betrag. Die Rpfl.-VO. hat mehrfach weitere Mindestgebührenbeträge eingeführt (Art. 6, 8, 10, 19, 20 usw.). Die Geltung des § 8 hat zur Folge, daß z. B. die Gebühren für einen Mahnbrief regelmäßig mindestens 3 RM. betragen (2 RM. Mindestinformationsgebühr, 1 RM. Mindestgebühr nach Art. 9 mit § 8 RAGebO.).

9 2. Die Anwendung der §§ 11 und 12 RAGebO. ist bei den Art. 4—16 zusammen mit der Heranziehung der §§ 9, 10, 13—15 GKG. (also auch der §§ 4ff. ZPO. usw.) zu betrachten, bei Art. 17—24 zusammen mit der in Art. 27 Abs. 2 verfügten Anwendung des § 10 RAGebO., der seinerseits wieder die erwähnten Vorschriften des GKG. und der ZPO. heranzieht (die §§ 11, 12 GKG. und 148 KO. kommen für die Fälle der Art. 17 bis 24 praktisch nicht in Frage). Das Ergebnis dieser in der Ausdrucksweise der VO. etwas verwickelten Verweisungen ist also, daß für alle Fälle der RpflVO. die §§ 9, 10, 13—15 GKG. und die §§ 3—9 ZPO. für anwendbar erklärt sind, soweit nicht besondere Wertbestimmungen in der Rpfl.-VO. enthalten sind (Art. 18, 19ff., 24). Die §§ 11, 12 RAGebO., die die Bindung des Anwalts an die gerichtliche Wertfestsetzung verfügen und ihm im Anschluß hieran ein Beschwerderecht im eigenen Namen einräumen, sind nur verständlich, wenn der Streitwert für die Gebühren der Rechtsanwälte nach denselben Grundsätzen festgesetzt wird; da nun, wie wir gesehen haben, die Wertbestimmung nach der RpflVO. sich größtenteils an die Normen des GKG. und der ZPO. anschließt, so können hier auch die §§ 11, 12 nur insoweit zur „entsprechenden" Anwendung kommen, als die behördliche Wertbestimmung für die

---

[2]) Der Fall fällt streng genommen unter Art. 1 Nr. 2 (vgl. dort Anm. 19), wird aber des Zusammenhangs wegen am besten hier angeführt. Vgl. M. Friedlaender JW. 1929, 823 gegen Bendix ebenda; Kraemer und ArbG. Berlin JW. 1930, 1119[1].

[2a]) Für das Verf. vor dem Mieteinigungsamt vgl. § 15 VerfVO.; KG. JW. 1930, 1076[2]. Es ist nicht zweifelsfrei, ob nach § 15 ein Ersatz von Anwaltskosten gemäß § 7 RA.-GebO. angeordnet werden kann.

[3]) Vgl. hiezu auch Walter-Joachim-Friedlaender[8] § 1 Fußnote 62.

Gerichtskosten ebenfalls nach den Grundsätzen des GKG. und der ZPO. zu erfolgen hat[4]). Soweit eigene Wertvorschriften in der RpflVO. enthalten sind (Art. 18, 19ff., 24), ist vor Anwendung der §§ 11, 12 RAGebO. zu prüfen, ob die gleichen Grundsätze auch für die amtliche Wertfestsetzung maßgebend sind.

Die Gerichtskosten in landesrechtlichen Angelegenheiten regelt im wesentlichen das BayKostGes.[5]). In den Art. 30ff. dieses Gesetzes finden wir die Bestimmungen über Kosten in Angelegenheiten der freiwilligen Gerichtsbarkeit. Art. 30 erklärt insbesondere die §§ 9, 9a (jetzt 10), 11 Abs. 2 (jetzt 13 Abs. 2), 12 und 13 (jetzt 14 und 15) GKG. für entsprechend anwendbar. Damit ist also in diesen Angelegenheiten die Grundlage für eine Anwendbarkeit der §§ 11, 12 RAGebO. geschaffen. Auch das Wertfestsetzungsverfahren selbst ist in Art. 37 KostGes. ganz entsprechend dem § 18 GKG. geregelt. Soweit Art. 30 KostGes. auch den jetzigen § 11 GKG. (nicht vermögensrechtliche Streitigkeiten) anführt, kommt der Wertfestsetzung eine bindende Kraft nicht zu; denn hier enthält Art. 15 RpflVO. eine Sonderregelung (vgl. Art. 15 Anm. 8ff.). 10

Das Beschwerdeverfahren hinsichtlich der Wertfestsetzung ist im KostGes. besonders geregelt: die Beschwerde geht an das nächst höhere Gericht, die weitere Beschwerde (die hier Rechtsbeschwerde ist) ans Oberste Landesgericht (Art. 40—44 KostGes.). Für die Anwaltsgebührenberechnung in diesem Kosten- oder Streitwertverfahren selbst und im Beschwerdeverfahren, ebenso für die entsprechenden Verfahren nach dem BayStempelGes. (Art. 31ff.) ist zu bemerken, daß es sich hier nach ständiger Praxis des BayObLG. stets um Angelegenheiten der Rechtspflege handelt[6]), weil die Gerichte zuständig sind. 11

Für die einzelnen Angelegenheiten der freiw. Gerichtsbarkeit (Vormundschaften, Pflegschaften, Nachlaßsachen usw.) gibt nun aber das BayKostGes. wieder vielfach Sonderbestimmungen, bei denen nicht immer klar ersichtlich ist, ob sie mit den erwähnten Vorschriften des GKG. und der ZPO. übereinstimmen. Hier muß also im einzelnen Falle auch hinsichtlich der Bindung der Anwaltsgebühren an die gerichtliche Festsetzung vorsichtige Prüfung stattfinden. In gewissen Fällen werden auch diese Einzelvorschriften für die Anwaltskosten durchaus anwendbar sein (vgl. z. B. Art. 72 Abs. 1, Art. 78 Abs. 1, Art. 79 Abs. 1, Art. 86 Abs. 2—4). 12

Über den Streitwert in Aufwertungssachen und die Anwendbarkeit der §§ 11, 12 RAGebO. in diesen Angelegenheiten vgl. Art. 15 Anm. 33—37. 12a

Das Auseinandersetzungsverfahren in Nachlaßsachen und bei Gütergemeinschaften ist im KostGes. hinsichtlich des Gegenstandswerts grundsätzlich anders geregelt als in Art. 24 RpflVO. Nach Art. 84, 85 findet nämlich für die Gerichtskostenberechnung Abzug der Schulden statt. Die Berechnung des Wertes der Aktivmasse (Nachlaß, Gesamtgut) bildet daher hier nur ein Element der Entscheidung und bindet den Anwalt hinsichtlich seiner Gebührenberechnung nicht. 13

Im Verfahren der Zwangsversteigerung und Zwangsverwaltung usw. gelten die Art. 7—20, 22 Abs. 3 KostGes. Soweit sich hier die Wertfestsetzungen auf Gegenstände erstrecken, die nach den Art. 17ff. auch die Grundlage für die Berechnung der Anwaltskosten bilden, finden §§ 11, 12 RAGebO. Anwendung, so bei Festsetzung des Wertes des 14

[4]) Vgl. hiezu auch Friedlaender-Kraemer Vorb. zu Art. 8—12 Anm. 10; Fürst-Abenheimer, BadLGebO. § 2 Anm. 5ff. (S. 23).

[5]) Vgl. v. Schmidt, Die bayer. Kosten- und Stempelgesetzgebung[2] (1922).

[6]) BayObLGZ. 11, 76; 14, 301; 15, 645; 22, 7. Ebenso bezüglich der Notariatskosten: oben Art. 4 Fußnote 5.

Gegenstandes der Zwangsversteigerung nach Art. 9 Abs. 2 KostGes. (vgl. Art. 18 RpflVO.) oder des „Wertes der Einkünfte des Jahres" nach Art. 10 Abs. 2 Nr. 2 KostGes. (vgl. Art. 19 Anm. 6 RpflVO.). Die Festsetzung dieser Werte erfolgt in Bayern durch den Notar; dagegen ist Erinnerung ans Vollstreckungsgericht zulässig; erst gegen dessen Entscheidung die Beschwerde. Weitere Beschwerde ist nach § 568 Abs. 3 ZPO. versagt.

15 3. Die §§ 26, 29 Abs. 2, 30, 31 Abs. 1, 32 bis 36 RAGebO. handeln von dem Begriff der Instanz. Sie sind im wesentlichen, soweit sie einer besonderen Erläuterung bedürfen, schon bei Art. 6 Anm. 8—10 erörtert worden. Auf diese Ausführungen sei daher verwiesen.

16 4. Die Vorschriften der RAGebO. über die Auslagen (§§ 76 bis 83) finden uneingeschränkte Anwendung. Insbesondere ist zu betonen, daß das frühere Auslagenpauschale für Schreibwerk und Porti beseitigt ist: die Porti werden besonders vergütet, ebenso Telegraphen- und Fernsprechgebühren (§ 76 Abs. 1); Schreibgebühren (zu 30 Pfennig pro Seite) nur in den Fällen des § 76 Abs. 2 (wobei Anwendungsfälle des § 76 Abs. 2 Nr. 3 häufiger vorkommen: vgl. Art. 8 Anm. 6; Art. 9 Anm. 6; auch Art. 27 Anm. 4).

17 Daß die Umsatzsteuer aus gesetzlich bemessenen Vergütungen auch in landesrechtlichen Angelegenheiten liquidiert werden kann, ist unbestritten[7]).

18 5. Die §§ 84 und 86 RAGebO. enthalten zivilrechtliche Bestimmungen, von denen die letztere trotz Art. 27 RpflVO. nicht anwendbar ist (Allg. Einl. Fußnote 1 und Anm. 15). Die Vorschußpflicht besteht, auch wenn man die Vorschrift des § 84 aus dem gleichen Grunde nicht anwendet (Friedlaender RAO.[3] Exk. vor § 30 Anm. 82 und Fußnote 120). § 85 ist ebenfalls nicht anwendbar; die Fälligkeit der Gebühren tritt also „nach der Leistung der Dienste" (§ 614 Satz 1 BGB.) oder „bei der Abnahme des Werks" (§ 641 Abs. 1 BGB.) ein. Die Vorschrift des § 614 Satz 2 (Bemessung der Vergütung nach Zeitabschnitten) kann in den Fällen der Art. 19 Abs. 1 usw. zur Anwendung kommen. Hinsichtlich der Fälligkeit der Auslagen, die nach unserer Meinung auch hier gleichzeitig mit der der Gebühren eintritt, vgl. Friedlaender RAO.[3] Exk. vor § 30 Anm. 76.

19 6. Die Hebegebühr des § 87 fällt auch im Gebiete der RpflVO. immer gesondert an und wird von anderen Gebühren nicht konsumiert.

20 7. § 88 (Gutachten) ist zwar in Art. 27 Abs. 1 nicht besonders erwähnt, dafür aber in Art. 9, wo er auch bereits (in Anm. 2) seine Erläuterung gefunden hat.

21 8. Die §§ 93 und 94 RAGebO. bedürfen hier keiner besonderen Besprechung. Daß § 93 Abs. 2 auf das Landesrecht keine Anwendung finden kann, ist in der Allg. Einl. Anm. 15 bereits betont worden.

22 B. Die erste Gruppe des Abs. 2 (Zwangsversteigerung usw.).

Außer den unter A angeführten Vorschriften sollen in dem geschlossenen Verfahren der Art. 17—23 noch verschiedene weitere Bestimmungen der RAGebO. entsprechende Anwendung finden, nämlich:

1. § 10 RAGebO. Hierüber ist das Erforderliche bereits in Anm. 9 gesagt.

2. Die §§ 25, 29 Abs. 1 RAGebO. sollen die Geltung des Pauschalsystems feststellen und bekräftigen. Vgl. hiezu Art. 17 Anm. 18ff.

23 3. § 41 RAGebO. betrifft das Beschwerdeverfahren. Vgl. hiezu Art. 17 Anm. 20, 23a.

4. Die §§ 48 und 49 RAGebO. bilden eine Ergänzung des Pauschalsystems. Vgl. hiezu Art. 25 Anm. 3.

---

[7]) § 12 Abs. 1 UmsStG.; Walter-Joachim-Friedlaender[8] Anh. zum 5. Abschnitt Anm. 9.

Auch § 50 RAGebO. ist eine Folge des Pauschalsystems. Da er nur die Höhe der Vergütung betrifft, so ist gegen die Gültigkeit seiner Heranziehung durch eine Norm des Landesrechts nichts einzuwenden (Allg. Einl. Fußnote 1 Anm. 15).

5. § 51 RAGebO., der die Vertretung mehrerer Streitgenossen betrifft, ist für anwendbar erklärt. Als Streitgenossen werden aber hier nur diejenigen zu erachten sein, die bezüglich eines die Beteiligung begründenden Rechts (z. B. einer Hypothek) in einer Gemeinschaft stehen[8]). Nur dann kommt insbesondere die Vorschrift des § 51 Satz 2, 3 zur entsprechenden Anwendung (nachträglicher Auftrag durch einen weiteren Streitgenossen). Der „Prozeßgebühr" des § 51 wird im Falle des Art. 17 die $^3/_{10}$-Betriebsgebühr, wenn der „Beitritt" gemäß § 51 erst im Verteilungsverfahren erfolgt, die $^3/_{10}$-Verteilungsgebühr entsprechen, aus denen dann die Zuschläge ($^2/_{10}$ aus $^3/_{10}$) und der Höchstbetrag ($^8/_{10}$) zu berechnen sind. Denkbar sind auch Fälle, in denen billigerweise die erhöhte Betriebsgebühr zugrunde zu legen ist; wenn z. B. eine Erbengemeinschaft (Gläubigerin einer Hypothek zu 250000 RM.) den VersteigAntrag gestellt, der Anwalt ihn aber nur für einen Miterben A mitunterzeichnet hat und wenn dann im Versteigerungstermin der Miterbe B ihm ebenfalls Auftrag erteilt, so hat (bei einem Meistgebote von 100000 RM., das nach Art. 18 Abs. 2 maßgebend sein mag) der Anwalt von A eine Betriebsgebühr von $^6/_{10}$ aus 100000 RM. = 393 RM. zu fordern. B würde bei selbständigem Auftrag $^4/_{10}$ (= 262 RM.) zu bezahlen haben (Art. 17 Abs. 3). Hier muß der Zuschlag $^2/_{10}$ von $^4/_{10}$ = 52,40 RM. betragen. Entsprechend hat die Anwendung des § 51 bei der Zwangsverwaltung zu erfolgen, wobei sowohl die feste Gebühr als auch die jährliche Gebühr (diese jedoch nur, soweit sie auf das Jahr des Beitritts im Sinne des § 51 entfällt) wie die „Prozeßgebühr" zu behandeln sind. 24

Wenn verschiedene Beteiligte, die nicht bezüglich desselben Rechts interessiert sind, demselben Anwalt Auftrag erteilen (z. B. mehrere Gläubiger in der Zwangsverwaltung), so sind die Streitwerte zusammenzurechnen (§ 5 ZPO.)[9]). 25

6. Die Anführung des § 90 RAGebO., dem für die Angelegenheiten der Art. 6ff. der Art. 13 entspricht, hat mit Bezug auf die Verfahren der Art. 17ff. nur geringe praktische Bedeutung. Vgl. die Kommentare zu § 90. 26

7. Es fällt auf, daß auch in Art. 27 Abs. 2 der § 88 RAGebO. (Gutachten) nicht angeführt ist. Art. 9, der ihn erwähnt, gilt ja für die Art. 17ff. nicht. Gleichwohl unterliegt es keinem Zweifel, daß Rechtsgutachten, die vom Anwalt erfordert werden, stets gesondert nach § 88 RAGebO. zu honorieren sind. Denn diese Tätigkeit ist immer eine „außerordentliche, durch irgendeine Pauschgebühr nicht abgegoltene"[10]). Doch ist aus Gründen der Vorsicht in solchen Fällen Vereinbarung anzuraten. Eventuell müßte mit der Angemessenheitsklausel geholfen werden. 27

Denkbar ist auch im Zwangsversteigerungs- oder Zwangsverwaltungsverfahren der Abschluß eines Vergleichs. Dieser Fall, an den der Gesetzgeber nicht gedacht hat, ist ähnlich gelagert wie der eines Vergleichs im zivilprozessualen Mahnverfahren. Wie dort tritt auch im ZwangsverstVerf. der Vergleich vollständig aus dem Rahmen des Verfahrens heraus; er ist besonders zu honorieren[11]). 28

[8]) Auch die Schuldnerin und ihr Ehemann können hierher gehören.

[9]) Vgl. hiezu und zum Vorstehenden: Walter-Joachim-Friedlaender[8] § 51 Anm. 2.

[10]) Walter-Joachim-Friedlaender[8] § 88 Anm. 4.

[11]) Ebenso für das Mahnverfahren: Baumbach RKostGes.[3] § 38 Anm. 1; Roth-

29 C. Die zweite Gruppe des Abs. 2 (Auseinandersetzungen).

Auf die Fälle des Art. 24 sollen nach Art. 27 Abs. 2 ebenfalls alle diejenigen Vorschriften der RAGebO. entsprechende Anwendung finden, die unter A und B erörtert wurden. Dies gilt jedoch nicht:

30 a) bezüglich des § 41 RAGebO. (Beschwerdeverfahren). Das soll, wie die Motive ausdrücklich betonen, nicht etwa bedeuten, daß hier die Tätigkeit im Beschwerdeverfahren nicht besonders zu vergüten und daß es nicht als gesonderte Instanz anzusehen wäre. § 41 wurde nur deshalb nicht für anwendbar erklärt, weil es sich um ein Verfahren der freiw. Gerichtsbarkeit handelt und daher die Art. 6ff. zu gelten haben[12]);

31 b) bezüglich der Vergleichsgebühr (s. o. Anm. 28), soweit es sich um einen Vergleich über den Gegenstand der Auseinandersetzung handelt. Denn gerade in diesem Verfahren ist der Vergleich eine naheliegende Art der Erledigung, er liegt geradezu innerhalb der Ziele des Verfahrens. Die VO. hat daher auch bewußt eine besondere Vergleichsgebühr nicht zugebilligt[13]).

32 D. Die Bestimmung des Abs. 3.

Die in Art. 27 Abs. 3 angeordnete Anrechnung der Gebühr für den Antrag auf Eintragung einer Sicherungshypothek auf die Betriebsgebühr des Art. 17 Abs. 2 oder die Gebühr des Art. 19 Abs. 2 (feste Gebühr für Antrag auf Zwangsverwaltung) hat folgende Voraussetzungen:

1. Es muß sich um eine Sicherungshypothek nach § 866 ZPO., nicht um eine bloße Arresthypothek (§ 932 ZPO.) handeln[14]). Dies ergibt sich schon aus dem Erfordernis der Identität der Schuldtitel. — Der Antrag nach § 866 ZPO. wird nach Landesrecht honoriert (Vorb. zu Art. 17—23 Anm. 6), und zwar gemäß Art. 8 RpflVO., wozu regelmäßig noch die Informationsgebühr hinzukommt[15]).

33 2. Die Vollstreckungshandlungen müssen sich auf denselben Anspruch beziehen. Decken sich die Ansprüche nur teilweise, so findet auch nur insoweit Anrechnung statt. Ist z. B. die Sicherungshypothek aus 10000 RM. beantragt, die Zwangsversteigerung aber aus einem Teilbetrage von 5000 RM., so kann nicht, wenn die Gebühr nach § 8: 41 RM. ($^{3}/_{10}$ aus 10000 RM.) und die Gebühr nach Art. 17 Abs. 2: $^{4}/_{10}$ aus 5000 RM. (= 58 RM.) beträgt (letzteres, weil ein Fall des Art. 18 Abs. 4 vorliegt), eine volle Anrechnung der ganzen 41 RM. erfolgen. Es muß vielmehr festgestellt werden, wie hoch die erste Gebühr ($^{3}/_{10}$) bei einem Streitwert von 5000 RM. gewesen wäre. Das ergibt 29 RM. Nur diese sind anzurechnen[16]).

34 3. Der Schuldtitel muß in beiden Fällen derselbe sein.

4. Die beiden Aufträge — der Auftrag zum Antrag auf Eintragung der Sicherungshypothek und der Auftrag zum Zwangsversteigerungs- oder Zwangsverwaltungsantrag — müssen gleichzeitig erteilt worden sein.

5. Beide Aufträge müssen zur Ausführung gelangt, beide Anträge also eingereicht worden sein — jener beim Grundbuchamt, dieser beim Vollstreckungsgericht.

---

kugel gegen LG. II Berlin JW. 1925, 840; Walter-Joachim-Friedlaender § 38 Anm. 7.

[12]) Begründung, JMBl. 1902, 485.

[13]) Begr. zu Art. 24, JMBl. 1902, 482.

[14]) Begr. zu Art. 27, JMBl. 1902, 486.

[15]) $^{1}/_{10}$ nach Art. 6 Abs. 4; vgl. Begr. JMBl. 1902, 460.

[16]) Vgl. Walter-Joachim-Friedlaender[8] § 28 Anm. 15.

Anzurechnen ist nur die Gebühr des Art. 8, nicht etwaige andere dazu gehörige Gebühren, insbesondere die Informationsgebühr. 35

Wenn es ausnahmsweise vorkommt, daß der Auftrag zum Beschlagnahmeantrag sich von vornherein auf das Anordnungsverfahren beschränkt, so daß die Art. 17 und 19 nicht zur Anwendung kommen, so gilt auch die Anrechnungsvorschrift nicht, da sie die Geltung der höheren Sätze der Art. 17 und 19 voraussetzt. 36

Artikel 28.

Diese Verordnung tritt am 1. April 1902 in Kraft.

Die Vergütung für die Berufstätigkeit des Rechtsanwalts zur Erledigung von Aufträgen, die vor diesem Zeitpunkt erteilt sind, bestimmt sich nach den bisherigen Vorschriften.

Für den erbschaftlichen Liquidationsprozeß (Artikel 150 bis 157 des Gesetzes zur Ausführung der Reichs-Zivilprozeßordnung und Konkursordnung vom 23. Februar 1879) sowie für das Hypothekenreinigungsverfahren bleiben die bisherigen Vorschriften in Geltung.

Das Gleiche gilt für die Verfahren der Zwangsversteigerung, der Zwangsverwaltung und der gerichtlichen Versteigerung, auf welche die Vorschriften des Gesetzes vom 23. Februar 1879, die Zwangsvollstreckung in das unbewegliche Vermögen wegen Geldforderungen betreffend, und des Gesetzes vom 29. Mai 1886, Änderungen der Bestimmungen über die Zwangsvollstreckung in das unbewegliche Vermögen betreffend, anzuwenden sind. Für das Verfahren der Zwangsversteigerung eines gemeinschaftlichen Grundstücks zum Zwecke der Aufhebung der Gemeinschaft gelten dagegen die Bestimmungen dieser Verordnung schon vor dem Zeitpunkt, in welchem das Grundbuch als angelegt anzusehen ist; in diesem Verfahren erhält der Rechtsanwalt für den Antrag auf Wiederversteigerung (Artikel 87 des Gesetzes vom 23. Februar 1879, Artikel 28 des Gesetzes vom 29. Mai 1886) einschließlich der weiteren Tätigkeit bis zur Einleitung des Verteilungsverfahrens neben den im Artikel 17 bestimmten Gebühren weitere drei Zehnteile der vollen Gebühr.

Die Bestimmung des Artikel 27 Abs. 3 ist auch auf die Vormerkung einer Hypothek nach Artikel 40 des Gesetzes vom 29. Mai 1886, Änderungen der Bestimmungen über die Zwangsvollstreckung in das unbewegliche Vermögen betreffend, entsprechend anzuwenden.

Die Übergangsvorschriften des Art. 28 haben kaum mehr irgendwelche praktische Bedeutung.

Über sonstiges Übergangsrecht vgl. Allg. Einl. Anm. 23—27.

Artikel 29.

Das Staatsministerium der Justiz ist beauftragt, die erforderlichen Ausführungsbestimmungen zu erlassen und nach Ablauf von drei Jahren über die Wirkungen dieser Verordnung und darüber zu berichten, ob nach den gemachten Erfahrungen eine Änderung dieser Verordnung angezeigt erscheint. Bis zu dieser Zeit ist das Staatsministerium der Justiz ermächtigt, im Falle des Bedürfnisses einzelne Änderungen und Ergänzungen vorzunehmen.

Vgl. Allg. Einl. Fußnote 2.

III. Texte.

1. Verordnung die Gebühren der Rechtsanwälte in den Angelegenheiten der Verwaltung und der Verwaltungsrechtspflege betreffend.

Vom 26. März 1902 (GVBl. 144). (VerwGebO.)

Artikel 1.

Der Rechtsanwalt erhält für die Tätigkeit, die er zu seiner Information entwickelt, einschließlich der zu diesem Zwecke vorgenommenen Besprechungen und der Einsicht von Akten eine Gebühr von zwei bis vierzig Mark (Informationsgebühr).

Die Gebühr kann in einer Instanz nur einmal beansprucht werden.

Vertritt der Rechtsanwalt den Auftraggeber in mehreren Instanzen, so erhält er die Gebühr in der höheren Instanz nur dann, wenn er in dieser zu seiner Information eine weitere Tätigkeit entwickelt hat.

Die Gebühr kann nicht gefordert werden, wenn die Tätigkeit des Rechtsanwalts der Einleitung eines Prozesses vorausgeht und dem Rechtsanwalt die Prozeßgebühr oder eine Gebühr nach § 44 der Reichsgebührenordnung für Rechtsanwälte zusteht.

Artikel 2.

Der Rechtsanwalt erhält für die Erteilung eines Rats eine Gebühr von einer Mark bis zwanzig Mark.

Hat der Rechtsanwalt im Anschluß an die Erteilung des Rats eines der in den Art. 3 bis 7 bezeichneten Geschäfte vorzunehmen, für das nach diesen Artikeln oder nach Art. 8 eine besondere Gebühr anzusetzen ist, so erhält er für den Rat und für das Geschäft nur eine einzige Gebühr, die innerhalb des weitesten in Betracht kommenden Spielraums zu bemessen ist.

Artikel 3.

Der Rechtsanwalt erhält für Anträge, Erklärungen und Beschwerden bei Behörden eine Gebühr von drei Mark bis vierzig Mark.

Für bloße Benachrichtigungen, Beschleunigungsgesuche, kurze Anzeigen, Gesuche um Abschriften oder Ausfertigungen und für ähnliche Schreiben erhält er nur Schreibgebühren.

Artikel 4.

Der Rechtsanwalt erhält für Abfassung eines Schreibens an eine andere Privatperson als den Auftraggeber eine Gebühr von zwei Mark bis zwanzig Mark, wenn es rechtliche Ausführungen oder sachliche Auseinandersetzungen enthält.

Auf ein Schreiben an den Auftraggeber, das einen von diesem erbetenen Rat enthält, findet die Bestimmung des Art. 2 Abs. 1 Anwendung.

Für die Ausarbeitung eines Gutachtens mit juristischer Begründung erhält der Rechtsanwalt eine angemessene Vergütung.

Für andere Schreiben erhält der Rechtsanwalt nur Schreibgebühren.

Artikel 5.

Für die Wahrnehmung eines Termins vor einer Behörde erhält der Rechtsanwalt eine Gebühr von fünf Mark bis fünfzig Mark (Terminsgebühr).

Die Gebühr für die mündliche Verhandlung vor dem Verwaltungsgerichtshofe beträgt mindestens zehn Mark.

Für die Wahrnehmung eines Termins, der nur zur Übernahme oder zur Ablieferung von Geldern oder Wertpapieren bestimmt ist, erhält der Rechtsanwalt eine Terminsgebühr nur dann, wenn die Übernahme oder die Ablieferung in dem Termine nicht stattfindet.

Artikel 6.

Für die Mitwirkung beim Abschluß eines Vergleichs erhält der Rechtsanwalt eine Gebühr von fünf bis fünfzig Mark.

Wird der Vergleich vor einer Behörde abgeschlossen, so erhält der Rechtsanwalt für die Wahrnehmung des Termins und für die Mitwirkung beim Abschlusse des Vergleichs nur eine einzige Gebühr, die zwischen fünf Mark und fünfzig Mark zu bemessen ist.

Artikel 7.

Für das Entwerfen der Urkunde über ein Rechtsgeschäft erhält der Rechtsanwalt eine Gebühr von fünf Mark bis fünfzig Mark.

Artikel 8.

Hat der Rechtsanwalt eines der in den Art. 2—7 genannten Geschäfte vorbereitet oder begonnen, erledigt sich aber der Auftrag vor der vollständigen Ausführung, so erhält der Rechtsanwalt eine unter entsprechender Anwendung der Bestimmungen dieser Artikel zu bemessende Gebühr.

Artikel 9.

Eine Gebühr kann nicht beansprucht werden für die mit der Erledigung eines Geschäfts verbundenen Nebengeschäfte und für die zur Vorbereitung eines Geschäfts erforderliche Tätigkeit, soweit nicht eine Gebühr hiefür besonders bestimmt ist. Insbesondere kann hienach eine Gebühr nicht beansprucht werden für das Entwerfen einer dem Rechtsanwalt oder von dem Rechtsanwalt zu erteilenden Vollmacht, für das Entgegennehmen von Zustellungen sowie für Vermerke zu den Handakten des Rechtsanwalts, wenn sie nur den Zweck haben, Aufschluß über seine Tätigkeit und über den Stand der Sache zu geben.

Artikel 10.

Soweit diese Verordnung einen Spielraum gewährt, sind bei der Ausmessung der Gebühr die besonderen Umstände des einzelnen Falles, insbesondere der Umfang und die Schwierigkeit der Sache, die von dem Rechtsanwalt entwickelte Tätigkeit, die Bedeutung der Sache für den Auftraggeber und die Leistungsfähigkeit des Pflichtigen zu berücksichtigen.

Artikel 11.

In Sachen von besonderer Wichtigkeit oder Schwierigkeit kann eine das höchste Maß überschreitende Gebühr bewilligt werden.

Artikel 12.

(Aufgehoben durch Art. 3 Satz 2 der Verordnung vom 12. Oktober 1921; s. auch unten Art. 5 Satz 2 der Verordnung vom 29. Dezember 1923.)

Artikel 13.

Im übrigen finden die Vorschriften der §§ 2 bis 8, 76, 77, 84 bis 87, 93, 94 der Reichsgebührenordnung für Rechtsanwälte, soweit nicht ein anderes bestimmt ist, entsprechende Anwendung.

Artikel 14.

In den anhängigen oder anhängig gewesenen Angelegenheiten, in denen eine Distriktsverwaltungsbehörde, eine der Distriktsverwaltungsbehörde gleich zu achtende oder eine ihr untergeordnete Behörde, eine Kreisregierung oder eine ihr gleich zu achtende Stelle, eine Militärbehörde, die Flurbereinigungskommission, die Oberberufungskommission in Steuersachen, der Verwaltungsgerichtshof oder ein Ministerium zur Entscheidung zuständig ist und der Rechtsanwalt bei einer Behörde tätig gewesen ist, können der Rechtsanwalt und der Auftraggeber die Festsetzung des Betrags der Gebühren und Auslagen verlangen, die der Rechtsanwalt von seinem Auftraggeber für die Tätigkeit in der Instanz zu beanspruchen hat, in der er bei einer Behörde tätig gewesen ist.

Artikel 15.

Die Festsetzung erfolgt in jeder Instanz durch die in der Angelegenheit selbst zuständige Behörde nach den für das Verfahren in der Angelegenheit selbst maßgebenden Vorschriften;

die Festsetzung der bei dem Kompetenzsenate des Verwaltungsgerichtshofs erwachsenen Gebühren und Auslagen erfolgt durch den Verwaltungsgerichtshof. Die Entscheidung ist dem Rechtsanwalt und dem Auftraggeber von Amts wegen zuzustellen.

Die Festsetzung kann, wenn der Antrag nur von dem Rechtsanwalt oder nur von dem Auftraggeber gestellt ist, zunächst unter ausdrücklichem Vorbehalte des Erinnerungsrechts der Beteiligten erfolgen. Diese vorläufige Feststellung kann auch dann, wenn in streitigen Fällen öffentliche mündliche Verhandlung geboten ist, in geheimer Sitzung stattfinden.

Artikel 16.

Erinnerungen gegen die vorläufige Festsetzung sind binnen einer Frist von zwei Wochen geltend zu machen; die Frist beginnt mit dem Zeitpunkt, in dem die Entscheidung dem Beteiligten zugestellt worden ist.

Gegen die über die Erinnerungen ergehende Entscheidung und gegen die ohne Vorbehalt des Erinnerungsrechts erfolgende Festsetzung steht dem Rechtsanwalt und dem Auftraggeber das gleiche Rechtsmittel zu, das in der Angelegenheit selbst einem Beteiligten zusteht; in Rayon-Angelegenheiten ist gegen die Entscheidung oder Festsetzung der Festungskommandantur Rekurs an das vorgesetzte Generalkommando zulässig. Ist das Rechtsmittel gegen eine Entscheidung in der Angelegenheit selbst an eine Frist nicht gebunden, so ist es in dem Verfahren der Festsetzung binnen einer Frist von zwei Wochen einzulegen; die Frist beginnt mit dem Zeitpunkt, in dem die Entscheidung der Partei, die das Rechtsmittel einlegt, zugestellt worden ist. Eine Anfechtung der über das Rechtsmittel ergehenden Entscheidung findet nicht statt.

Die Geltendmachung der Erinnerungen und die Einlegung der Rechtsmittel muß schriftlich oder zu Protokoll erfolgen.

Artikel 17.

Die Festsetzung erfolgt in erster Instanz gebührenfrei. Der Rechtsanwalt kann für den Antrag auf Festsetzung eine Gebühr nicht beanspruchen.

Artikel 18.

Ist die Festsetzung nach den Art. 14 bis 16 erfolgt, so kann der Rechtsanwalt Gebühren oder Auslagen von seinem Auftraggeber nur nach Maßgabe dieser Festsetzung beanspruchen, es sei denn, daß der Betrag der Vergütung durch Vertrag bestimmt ist. Der Umstand, daß die Festsetzung durch eine unzuständige Behörde erfolgt ist, ist ohne Einfluß auf ihre Gültigkeit.

Artikel 19.

Der Rechtsanwalt darf den Anspruch auf Gebühren und Auslagen gegen den Auftraggeber, wenn eine Festsetzung nach den Art. 14 bis 16 zulässig ist, erst nach der Festsetzung bei Gericht geltend machen, es sei denn, daß der Betrag der Vergütung durch Vertrag bestimmt ist.

Artikel 20.

An Stelle der Vorschriften der Art. 1 bis 11 dieser Verordnung findet die Reichsgebührenordnung für Rechtsanwälte entsprechende Anwendung auf die Berufstätigkeit des Rechtsanwalts.

1. im Strafverfahren im Verwaltungsweg und
2. im Dienststrafverfahren.

Das Strafverfahren im Verwaltungswege steht dem Vorverfahren in den zur Zuständigkeit des Schöffengerichts gehörenden Sachen gleich, wenn die Sache, falls sie bei Gericht anhängig wäre, zur Zuständigkeit des Schöffengerichts gehören würde, dem Vorverfahren in den zur Zuständigkeit der Strafkammer gehörenden Sachen, wenn die Sache, falls sie bei Gericht anhängig wäre, zur Zuständigkeit der Strafkammer gehören würde.

Das Dienststrafverfahren, in dem eine Hauptverhandlung nicht stattfindet, steht dem Vorverfahren gleich. Das Dienststrafverfahren erster Instanz steht, wenn die Entscheidung von einer Behörde oder einem Beamten erlassen wird, die einer Distriktsverwaltungsbehörde untergeordnet sind, dem Verfahren vor dem Schöffengericht, in allen übrigen Fällen dem Verfahren vor der Strafkammer gleich.

In der Beschwerde- (Rekurs-, Reklamations-)Instanz im Strafverfahren im Verwaltungsweg und in der Beschwerde- (Rekurs-) Instanz im Dienststrafverfahren, in dem eine Hauptverhandlung in erster Instanz nicht stattfindet, kommen, wenn das Verfahren in erster Instanz dem Verfahren vor dem Schöffengerichte gleichsteht, insbesondere die § 63 Nr. 1, § 68 Nr. 1 der Reichsgebührenordnung für Rechtsanwälte und, wenn das Verfahren in erster Instanz dem Verfahren vor der Strafkammer gleichsteht, insbesondere die § 63 Nr. 2, § 68 Nr. 2 dieser Gebührenordnung zur Anwendung.

Artikel 21.

Die Art. 14 bis 19 finden auf die im Art. 20 genannten Angelegenheiten keine Anwendung.

Artikel 22.

Ist für das dem Rechtsanwalt übertragene Geschäft eine Gebühr nicht bestimmt, so erhält er eine unter entsprechender Anwendung der Vorschriften dieser Verordnung zu bemessende Gebühr.

Artikel 23.

Die Berufstätigkeit des Rechtsanwalts, die sich auf ein Gesuch um Abhilfe nach Art. 2 des Gesetzes zur Ausführung der Reichszivilprozeßordnung und Konkursordnung bezieht, wird nach den Bestimmungen dieser Verordnung vergütet.

Artikel 24.

Diese Verordnung tritt am 1. April 1902 in Kraft.

Die Vergütung für die Berufstätigkeit des Rechtsanwalts zur Erledigung von Aufträgen, die vor diesem Zeitpunkt erteilt sind, bestimmt sich nach den bisherigen Vorschriften.

Artikel 25.

Die Ministerien sind beauftragt, die erforderlichen Ausführungsbestimmungen zu erlassen und nach Ablauf von drei Jahren über die Wirkung dieser Verordnung und darüber zu berichten, ob nach den gemachten Erfahrungen eine Änderung dieser Verordnung angezeigt erscheint. Bis zu dieser Zeit sind die Ministerien ermächtigt, im Falle des Bedürfnisses einzelne Änderungen und Ergänzungen vorzunehmen.

2. Verordnung über die Gebühren der Rechtsanwälte nach den Verordnungen vom 26. März 1902 (GVBl. S. 133 und 144), 28. März 1919 (GVBl. S. 128) und 17. August 1923 (GVBl. S. 313).

Vom 29. Dezember 1923 (GVBl. S. 415).

Art. 1. Die dem Rechtsanwalt zustehenden Gebühren, Auslagen und Vorschüsse werden in Gold berechnet.

Für die Umrechnung einer in Reichswährung geleisteten Zahlung ist der vom Reichsminister der Finanzen bekanntgegebene Goldumrechnungssatz (§ 2 der Durchführungsverordnung zur Aufwertungsverordnung vom 13. Oktober 1923, RGBl. I S. 951) im Zeitpunkt des Einganges der Zahlung maßgebend.

Soweit auf die Reichsgebührenordnung für Rechtsanwälte (RAGebO.) verwiesen ist, versteht sich dieselbe in ihrer jeweiligen Fassung und mit ihren Ergänzungen.

Art. 2. Die festen Gebühren der Verordnungen vom 26. März 1902 (GVBl. S. 133, 144) gelten als Goldmarksätze; soweit für die Berechnung der Gebühren der Gegenstandswert maßgebend ist, ist derselbe in Gold zu bestimmen. Die in Art. 15 Abs. 3 der Verordnung vom 26. März 1902 (GVBl. S. 133) aufgeführten Wertziffern (200 M. bis 50000 M. bzw. 100000 M.) sind Goldbeträge.

Art. 3. Die Bestimmungen in Art. III Abs. 2, IV und V der 13. Verordnung über die Gebühren der Rechtsanwälte vom 13. Dezember 1923 (RGBl. I S. 1188) finden sinngemäße Anwendung.

Art. 4. Der Rechtsanwalt kann, wenn seine Tätigkeit von besonderer Wichtigkeit oder Schwierigkeit war, oder wenn sonst die Umstände des Falles eine solche Erhöhung angezeigt erscheinen lassen, eine den Höchstsatz der gesetzlichen Vergütung überschreitende Gebühr verlangen. Dies gilt nicht im Verhältnis zu einem erstattungspflichtigen Gegner oder dem Staate bei Pflichtaufträgen.

Art. 5. In den Angelegenheiten der Verwaltung und der Verwaltungsrechtspflege gelten die §§ 78—83 der Reichsgebührenordnung für Rechtsanwälte Art. 12 der Verordnung vom 26. März 1902 (GVBl. S. 144) bleibt aufgehoben.

Art. 6. Diese Verordnung tritt mit Wirkung vom 1. Januar 1924 an die Stelle der Verordnung vom 17. August 1923 (GVBl. S. 313).

Art. VII Abs. 2—4 der 13. Verordnung über die Gebühren der Rechtsanwälte vom 13. Dezember 1923 (RGBl. I S. 1188) findet sinngemäße Anwendung.

IV. Alphabetisches Sachregister.

Die Zitiermethode des Registers ergibt sich aus folgenden Beispielen:

12^{7} = Artikel 12, Anmerkung (d. h. Randnote) 7.
14 F. 2 = Artikel 14, Fußnote 2.
E ^{14} = Allgemeine Einleitung, Anmerkung 14.
Vorb. 17—23 ^{11} = Vorbemerkung zu den Art. 17 bis 23, Anmerkung 11.

A.

B.

D.

E.

F.

G.

H.

J.

K.

S.

T.

Z.

Kolibri 360 GmbH
Ferdinand-Jühlke-Straße 7
99095 Erfurt, Deutschland
produktsicherheit@kolibri360.de